Ideas de ingresos pasivos y no más procrastinación

2 libros en 1

Novedosas y confiables ideas de negocio para ganar $10,000 USD al mes + Hábitos para impulsar tu productividad y superar la flojera

La última guía de ingresos pasivos

Las últimas ideas de negocios confiables y rentables gana $10,000/mes con marketing de afiliación, blogs, envío directo, amazon fba, y más

La última guía de ingresos pasivos

Las últimas ideas de negocios confiables y rentables gana $10,000/mes con marketing de afiliación, blogs, envío directo, amazon fba, y más

Tabla de Contenidos

Introducción 7

Capítulo 1 - El ingreso pasivo de los principiantes 10

Cuatro tipos de ingresos pasivos 11

Cinco pasos de inicio rápido para un ingreso pasivo 14

Cinco herramientas ingeniosas de micro inversión 24

Capítulo 2--Descubra el éxito de la autoedición 30

Cómo escribir un libro. Su camino hacia la obtención de grandes beneficios en la autoedición 33

Comercialización de su libro. Consejos para maximizar los beneficios de su libro 43

Consejos para publicar libros de audio 46

Seis pasos hacia la obtención de ingresos adicionales mediante la publicación de cursos en línea 49

Capítulo 3--Blogging para grandes ganancias 55

La verdad sobre ganar a través de los blogs 55

Siete maneras de obtener ingresos de los blogs 62

Capítulo 4-Haga ingresos pasivos en Internet hoy 67

Todo lo que necesitas saber sobre la comercialización del afiliado 67

Cinco pasos para convertirse en un vendedor del afiliado 69

Gana dinero con el envío de dinero 77

Cinco pasos esenciales en la creación de una empresa de dropshipping *78*

Capítulo 5: Hágase más rico mientras duerme............................ **82**

Amazonas FBA.. *82*

Todo lo que necesita saber sobre las oportunidades de préstamos entre pares *85*

40 maneras en que puede usar sus habilidades o intereses para obtener un ingreso pasivo... *87*

Capítulo 6--Haga Inversiones Asesinas **95**

Cómo empezar a invertir en acciones.. *95*

Todo acerca de CD Laddering *100*

Cuatro maneras simples de obtener ingresos por inversiones inmobiliarias.. *101*

Conclusión **106**

Introducción

Veamos algunas de las razones por las que está interesado en encontrar algunas fuentes de ingresos adicionales. Tal vez usted ya tiene un trabajo, pero el dinero que gana de ese trabajo nunca parece proporcionar suficientes ingresos para satisfacer todos sus deseos y necesidades. O tal vez usted está ganando suficientes ingresos para satisfacer sus deseos y necesidades actuales, pero no puede imaginarse trabajando para siempre. Le gustaría hacer la transición a una carrera o carreras que te ofrezcan más independencia, más flexibilidad, más ingresos, o todo lo anterior. O tal vez usted está buscando una manera de complementar sus ingresos actuales sin gastar mucho tiempo en hacerlo. No está buscando necesariamente "dinero fácil", pero sería bueno que pudieras complementar sus ingresos sin tener que dedicar mucho tiempo a ello.

En este libro, voy a proporcionarle la información que necesitará para crear fuentes de ingresos adicionales para usted sin tener que dedicar mucho tiempo extra para hacerlo. Es posible que haya oído que la gente se jacta de ganar dinero mientras duerme. Bueno, los flujos de ingresos pasivos pueden permitirle hacer exactamente eso: ganar dinero mientras duerme. Sí, se requerirá un esfuerzo inicial, pero le mostraré algunas maneras de obtener ingresos adicionales con un esfuerzo mínimo. En algunos casos, usted podrá usar su dinero para ganar más dinero. Por otro lado, si usted no tiene el dinero necesario para ganar más dinero, le mostraré algunas otras maneras en las que puede aumentar sus flujos de ingresos con poca o ninguna inversión financiera. Así que, si tienes el dinero para ganar más dinero, pero no el tiempo, puedo ayudarte. De la misma manera, si usted tiene el tiempo, pero no el dinero para hacer más dinero, yo puedo ayudarle.

Ideas de ingresos pasivos

Mi nombre es David Allen. Me llamo a mí mismo un experto en el "side hustle". Durante años, investigué y probé muchas maneras diferentes de crear ingresos adicionales para mí y mi familia. Mi misión en la vida es encontrar maneras fáciles y prácticas de obtener ingresos adicionales. Durante mi viaje, he desarrollado algunas formas probadas y verdaderas para que la gente pueda obtener ingresos adicionales. Y sí, he cometido algunos errores en el camino, pero siempre me alegra que los demás aprendan de mis errores y equivocaciones. A medida que envejezco, me doy cuenta de que mis errores son cada vez más frecuentes. Ahora estoy en un punto en el que creo que tengo mucha buena información para compartir con otros. He demostrado que puedo establecer grandes flujos de ingresos pasivos, muchos de los cuales requieren muy poco tiempo y esfuerzo.

En el pasado, he impartido muchos de mis hallazgos a amigos que estaban ansiosos por aprender a obtener un ingreso más pasivo. Muchos de esos amigos se han beneficiado sustancialmente de mis conocimientos y experiencia en la creación de sus propias fuentes de ingresos pasivos. Algunos de ellos incluso me dan crédito por haber cambiado sus vidas; muchos de ellos a menudo me han animado a escribir este libro y compartir mi vasto conocimiento con otros que buscan mejorar su propia situación financiera. Espero que usted sea una de las personas que se beneficie enormemente de mis conocimientos y experiencia.

Con la información que proporciono, usted podrá crear fuentes de ingresos adicionales para sí mismo. Podrá ganar o ahorrar dinero extra inmediatamente con algunas de las ideas que le ofrezco. Otras fuentes de ingresos pueden tomar un poco más de tiempo, pero en la mayoría de los casos, usted debería ser capaz de empezar a ganar ingresos adicionales sin tener que pasar mucho tiempo trabajando en ello. Al leer este libro, notará que hay muchas maneras diferentes de obtener ingresos adicionales. Usted tendrá que determinar cuál de estas fuentes de ingresos funcionará para usted. Y una vez que lo determine, estará bien encaminado hacia la obtención de algún ingreso adicional a través de las diferentes corrientes disponibles para usted.

Ya que está leyendo este libro, asumo que probablemente le gustaría empezar a ganar ingresos extra más pronto que tarde. Con esto en mente, lo animo a que empieces a cambiar su vida ahora mismo implementando algunos de los consejos y técnicas que le estoy ofreciendo. Al escribir un libro de autoayuda como este, siempre existe el peligro de que el lector se suscriba a las ideas ofrecidas, pero luego decida ponerlas en práctica. Como todos sabemos, muchas veces, las personas que deciden implementar los cambios más tarde dejarán de lado las ideas y nunca volverán a ellas. Con esto en mente, me gustaría animarlo a que comience a implementar estas ideas hoy mismo. Después de todo, ¿por qué esperar para hacer cambios que le permitan obtener ingresos adicionales y lo pongan en el camino hacia la independencia financiera? A menos que usted ya sea rico, estoy seguro de que estará contento de empezar a ganar algún ingreso extra inmediatamente.

Los consejos y técnicas que ofrezco pueden dar resultados increíbles, si tan sólo se toma el tiempo para ponerlos en práctica. Cada capítulo de este libro debe ayudarle en sus esfuerzos por crear fuentes de ingresos adicionales sin gastar mucho tiempo en implementar o mantener estas fuentes. Cuando termine de leer este libro, sabrá todo acerca de los flujos de ingresos pasivos y cómo pueden cambiar su vida. Juntos, podemos hacer que suceda.

Capítulo 1 - El ingreso pasivo de los principiantes

Antes de que pueda empezar a explicarle cómo puede empezar a obtener ingresos pasivos, me gustaría definir primero el término "ingresos pasivos" y explicarle en qué se diferencia de otras formas de ingresos.

Algunos de ustedes pueden haber escuchado la frase, "Gana dinero mientras duermes". Este concepto es a menudo paralelo al concepto de ingresos pasivos.

Los ingresos pasivos son los ingresos que resultan del flujo de caja recibido de forma regular, con poco o ningún esfuerzo o participación por parte del receptor. Aunque yo no clasificaría el ingreso pasivo como "dinero fácil", señalaré que muchas fuentes de ingreso pasivo ofrecen oportunidades para que la gente gane dinero sin mucho esfuerzo. Sí, puede ser necesario un cierto esfuerzo al principio de cualquier oportunidad de ingresos pasivos. Sin embargo, después de ese esfuerzo inicial, muchas corrientes de ingresos pasivos permiten a los receptores obtener ingresos de manera continua sin mucha participación, esfuerzo o mantenimiento.

El Servicio de Impuestos Internos de los Estados Unidos enumera tres categorías de ingresos: ingresos activos, ingresos pasivos e ingresos de cartera. Ofreceré una breve descripción de cada categoría de ingresos para que podamos identificar la categoría de ingresos pasivos en la que nos centraremos en este libro.

El ingreso activo es el ingreso que una persona obtiene de un trabajo estándar o de una carrera convencional. Si usted es un camarero, un ejecutivo de mercadeo, un enfermero, o un maestro... cualquier carrera estándar, el salario que usted gana al hacer ese trabajo se considera un ingreso activo. Se llama ingreso activo porque usted es activo para

Capítulo 1 - El ingreso pasivo de los principiantes

Antes de que pueda empezar a explicarle cómo puede empezar a obtener ingresos pasivos, me gustaría definir primero el término "ingresos pasivos" y explicarle en qué se diferencia de otras formas de ingresos.

Algunos de ustedes pueden haber escuchado la frase, "Gana dinero mientras duermes". Este concepto es a menudo paralelo al concepto de ingresos pasivos.

Los ingresos pasivos son los ingresos que resultan del flujo de caja recibido de forma regular, con poco o ningún esfuerzo o participación por parte del receptor. Aunque yo no clasificaría el ingreso pasivo como "dinero fácil", señalaré que muchas fuentes de ingreso pasivo ofrecen oportunidades para que la gente gane dinero sin mucho esfuerzo. Sí, puede ser necesario un cierto esfuerzo al principio de cualquier oportunidad de ingresos pasivos. Sin embargo, después de ese esfuerzo inicial, muchas corrientes de ingresos pasivos permiten a los receptores obtener ingresos de manera continua sin mucha participación, esfuerzo o mantenimiento.

El Servicio de Impuestos Internos de los Estados Unidos enumera tres categorías de ingresos: ingresos activos, ingresos pasivos e ingresos de cartera. Ofreceré una breve descripción de cada categoría de ingresos para que podamos identificar la categoría de ingresos pasivos en la que nos centraremos en este libro.

El ingreso activo es el ingreso que una persona obtiene de un trabajo estándar o de una carrera convencional. Si usted es un camarero, un ejecutivo de mercadeo, un enfermero, o un maestro... cualquier carrera estándar, el salario que usted gana al hacer ese trabajo se considera un ingreso activo. Se llama ingreso activo porque usted es activo para bien encaminado hacia la obtención de algún ingreso adicional a través de las diferentes corrientes disponibles para usted.

Ya que está leyendo este libro, asumo que probablemente le gustaría empezar a ganar ingresos extra más pronto que tarde. Con esto en mente, lo animo a que empieces a cambiar su vida ahora mismo implementando algunos de los consejos y técnicas que le estoy ofreciendo. Al escribir un libro de autoayuda como este, siempre existe el peligro de que el lector se suscriba a las ideas ofrecidas, pero luego decida ponerlas en práctica. Como todos sabemos, muchas veces, las personas que deciden implementar los cambios más tarde dejarán de lado las ideas y nunca volverán a ellas. Con esto en mente, me gustaría animarlo a que comience a implementar estas ideas hoy mismo. Después de todo, ¿por qué esperar para hacer cambios que le permitan obtener ingresos adicionales y lo pongan en el camino hacia la independencia financiera? A menos que usted ya sea rico, estoy seguro de que estará contento de empezar a ganar algún ingreso extra inmediatamente.

Los consejos y técnicas que ofrezco pueden dar resultados increíbles, si tan sólo se toma el tiempo para ponerlos en práctica. Cada capítulo de este libro debe ayudarle en sus esfuerzos por crear fuentes de ingresos adicionales sin gastar mucho tiempo en implementar o mantener estas fuentes. Cuando termine de leer este libro, sabrá todo acerca de los flujos de ingresos pasivos y cómo pueden cambiar su vida. Juntos, podemos hacer que suceda.

obtener ese ingreso. Por ejemplo, si usted es un camarero y decide no ir a trabajar por un par de semanas, es probable que no le paguen o que no obtenga ningún ingreso de ese trabajo. Sólo obtendrá ingresos del trabajo si está activo en él.

Es posible que haya escuchado que la gente se refería a su trabajo principal como su trabajo "A" y a su trabajo secundario de aventura o ajetreo como su trabajo "B". Cuando las personas se refieren al trabajo "A", casi siempre se refieren a trabajos de ingresos activos en los que obtienen un ingreso estable como resultado de su participación en esa carrera. Y muchas personas utilizan los ingresos de su trabajo "A" para entrar en las otras dos categorías de ingresos: los ingresos pasivos y los ingresos de cartera.

Los ingresos de la cartera son ingresos derivados de actividades tales como inversiones, dividendos, intereses, ganancias de capital y regalías. Los ingresos de la cartera no se obtienen a través de la actividad comercial regular. Estos ingresos no se derivan de inversiones de los ingresos pasivos y no se obtienen a través de actividades comerciales regulares.

Los ingresos pasivos, el tipo de ingresos en el que nos centraremos con este libro, son ingresos que se derivan regularmente de actividades que requieren poco o ningún esfuerzo o participación por parte del receptor. Como ya he señalado, el ingreso pasivo no siempre es "dinero fácil" o "dinero que se gana durmiendo", ya que muchas actividades de ingreso pasivo requieren al menos un esfuerzo inicial por parte de la persona que espera beneficiarse. Y muchas actividades de ingresos pasivos requieren un mantenimiento continuo para que sigan siendo exitosas.

Cuatro tipos de ingresos pasivos

Antes de que comience a explicarle algunas maneras en las que puede obtener ingresos pasivos, explicaré los cuatro tipos de actividades de

Ideas de ingresos pasivos

ingresos pasivos, cómo funcionan y en qué se diferencian entre sí. Aquí están los cuatro tipos de actividades de ingresos pasivos:

1) **Utilice efectivo para comprar activos de flujo de efectivo.** Este es el enfoque de "usar el dinero para hacer dinero". Ahora, antes de que se desanime, nos damos cuenta de que no todos tienen el dinero requerido para participar en esta opción. Para aquellos que no lo hagan, les seguirán otras opciones muy viables que no requieren dinero en efectivo. Pero para aquellos que tienen dinero para usar en el aumento de sus activos, podrán hacer cosas como inversiones en bienes raíces, inversión de dividendos y préstamos comerciales para aumentar sus ingresos pasivos. Dicho esto, muchas personas que tienen el "dinero para hacer dinero" se dan cuenta de que no tienen tiempo para poner su dinero a trabajar para ellos. Con esto en mente, le daré algunas recomendaciones sobre cómo puede usar su dinero para ganar más dinero sin tener que dedicar mucho tiempo extra para hacerlo.

2) **Construir Activos de Flujo de Caja.** Si no tiene montañas de dinero en efectivo para invertir, no se desespere. Usted no está solo. Usted todavía puede construir sus ganancias pasivas de ingresos. Muchas personas han aumentado sus ingresos pasivos, gastando poco o nada de dinero. Algunos han creado productos digitales o sitios web. Otros han desarrollado blogs, conceptos de comparación de compras, conceptos de marketing de afiliación, o incluso cursos de enseñanza en línea para crear flujos de ingresos continuos. Aunque la mayoría de estas actividades requieren un poco de tiempo y esfuerzo inicial, pueden proporcionar flujos de ingresos que durarán mucho tiempo, sin ningún gasto inicial.

Ideas de ingresos pasivos

3) **Vender o compartir activos.** ¿Tiene activos que posee o controla y que puede convertir en fuentes de ingresos pasivas? Si mira a su alrededor, probablemente pueda identificar algunos activos tangibles que podrían venderse o compartirse para producir ingresos adicionales. Por ejemplo, ¿tiene una bicicleta estática que ya no utiliza y que ocupa espacio en su garaje? Ese es un artículo que usted probablemente podría vender para ganar algún ingreso extra. ¿Tiene un coche y tiempo extra para conducir? Si es así, usted puede ganar algún ingreso pasivo convirtiéndose en un conductor de Uber o Lyft. ¿Coleccionabas tarjetas de béisbol de niño? Tal vez es hora de vender esas tarjetas. ¿Tiene una habitación extra en su casa? Tal vez podrías alquilar esa habitación extra. ¿Tiene un cobertizo vacío en su propiedad? Tal vez podrías alquilar este cobertizo como almacén. Es muy probable que ya tenga activos allí que puedan ser convertidos en efectivo. Mire a su alrededor y vea qué activos ya posee o controla. Es casi seguro que descubrirá que algunos de estos activos pueden convertirse en fuentes de ingresos pasivas.

4) **Ingreso pasivo inverso.** Con esta actividad de ingresos pasivos, usted estará ahorrando dinero en lugar de ganar dinero. Lo hará reduciendo sus gastos continuos. Por ejemplo, usted podría reducir su factura de televisión por cable renegociándola o haciendo que un servicio de negociación lo haga por usted. Incluso si usted sólo logra un ahorro de $20 por mes, eso ascenderá a $240 anuales. También puede negociar las tasas de interés de las tarjetas de crédito o cambiar a tarjetas de crédito que tengan mejores tasas o atractivas ofertas introductorias. Si está almacenando algunas de sus pertenencias en una instalación de almacenamiento, ¿puede deshacerse de parte del contenido de esa unidad para poder

alquilar una unidad más pequeña y menos costosa? Entiende la idea...mire sus gastos mensuales y vea si hay una manera de reducir algunos de esos gastos para ahorrar dinero. Eso es un ingreso pasivo inverso. Y aunque esta actividad no le hará ganar más dinero, le permitirá ahorrar algo de dinero que sin duda se puede utilizar para ganar más dinero.

Cinco pasos de inicio rápido para un ingreso pasivo

Vamos a empezar con algunas ideas para que empiece a ganar ingresos pasivos de forma rápida. La mayoría de las siguientes propuestas se ofrecen con la idea de que no requerirán mucho tiempo en su inicio o en establecerse. Más adelante en este libro se presentarán ideas sobre fuentes de ingresos pasivos que requieren mucho más tiempo. Mi objetivo es que empiece inmediatamente con algunas fuentes de ingresos pasivos que requieren muy poco tiempo. Entonces, una vez que se dé cuenta de que puede obtener ingresos de estos flujos, puede proceder a flujos más complejos que requieren más tiempo para iniciarlos.

1) **Tarjetas de crédito.** Como la mayoría de la gente tiene tarjetas de crédito, y muchas de esas personas usan tarjetas de crédito para sus compras continuas, comencemos con cómo puede obtener ingresos pasivos de sus tarjetas de crédito.

   Hay un número de cosas que usted puede hacer con sus tarjetas de crédito para asegurarse de que obtiene el máximo ingreso pasivo de esas tarjetas.

   Lo primero que debe considerar son los cargos que acompañan a sus tarjetas de crédito. Esto incluye las cuotas anuales y las tasas de interés. Tengo la sensación de que nunca debe pagar una cuota anual por una tarjeta de crédito que esté utilizando regularmente, a menos que los beneficios y recompensas que reciba por tener esa tarjeta superen con creces la cuota anual. Los cargos anuales por tarjeta de crédito oscilan entre $25 y $500 por tarjeta. Hay muchas tarjetas de crédito por ahí que anuncian que no tienen cargos anuales y si su compañía de tarjeta de crédito le está cobrando un cargo anual, le sugiero que considere cambiar a otra compañía de tarjeta de crédito o llame a su compañía de tarjeta de crédito actual y pídales que anulen su cargo anual. Usted debe saber que casi todas las compañías de tarjetas de crédito están abiertas a renunciar a las cuotas anuales, especialmente durante el primer año.

A continuación, debe averiguar cuáles son las tasas de interés de sus tarjetas de crédito y luego compararlas con las tasas ofrecidas por otras compañías de tarjetas de crédito. Si usted paga el saldo total de su tarjeta todos los meses, la tasa de interés que obtenga en su tarjeta no importará mucho, sin embargo, si usted tiene un saldo continuo en esa tarjeta que no puede pagar completamente todos los meses, entonces su tasa de interés debe ser una consideración importante y debe comparar su tasa actual con las tasas ofrecidas por otras tarjetas. Hay muchos sitios en Internet que comparan las tasas de las tarjetas de crédito, y usted debe ser capaz de comparar fácilmente sus tasas con otras tasas con el simple clic. Una vez más, si su tasa de interés actual no es de su agrado, pero le gusta la compañía de su tarjeta de crédito, debería considerar llamar a la compañía de su tarjeta de crédito y pedirles que reduzcan su tasa a un nivel más competitivo. Sí, es posible que no se ajusten a su petición, pero lo peor que puede pasar es que digan "no". Entonces, si la tasa de su tarjeta no es competitiva, puede considerar cambiar de compañía de tarjetas de crédito.

Otra consideración con las tarjetas de crédito son los beneficios o recompensas que usted recibe con su tarjeta. ¿Su tarjeta ofrece un programa de devolución de dinero? Si es así, ¿cuál es el porcentaje de devolución de dinero y cómo se compara con otras tarjetas? ¿O tiene una tarjeta de recompensas de viaje? Si lo hace, asegúrese de que planea utilizar las millas de viaje que se están acumulando, antes de que expiren. He conocido gente que tiene tarjetas de crédito con recompensas de viaje que ya no son viajeros. Estas personas, estarían mejor adaptadas a una tarjeta de crédito que ofrezca recompensas que no sean millas de viaje. Algunas tarjetas de crédito ofrecen tarjetas de regalo como recompensa. Una vez más, usted debe comparar esas tarjetas con otras recompensas de devolución de dinero o de tarjetas de regalo para asegurarse de que su compañía de tarjetas de crédito sea competitiva. Si no es así, considere la posibilidad de cambiar a otra compañía de tarjetas de crédito.

2) **Programas de recompensas.** Otra manera de aumentar su poder de ganancia es inscribirse en programas de recompensas en lugares donde usted compra regularmente. Por ejemplo, mi cadena de supermercados tiene un programa de recompensas en el que recibo descuentos periódicos en los artículos que compro y descuentos regulares en las compras de gasolina en su estación de servicio. Cuando me inscribí en este programa, me inscribí en línea en menos de cinco minutos. No tengo que llevar una tarjeta de plástico en mi billetera; sólo les doy mi número de teléfono cada vez que hago una compra. En promedio, ahorro de 20 a 30 centavos por galón en su estación de servicio cada vez que reabastezco mi auto. De manera similar, compro suministros de oficina para mi pequeña empresa en Office Max, y también tienen un programa de recompensas en el que todo lo que tengo que hacer es darles mi número de teléfono cada vez que hago una compra. Este

programa de recompensas acumula recompensas en efectivo que puedo usar para compras futuras.

Además, existen aplicaciones como Drop, que permiten a la gente obtener descuentos de sus cinco principales minoristas. Usted puede elegir sus minoristas favoritos y luego acumular puntos de recompensa con cada compra que haga de estos cinco minoristas. (Incluso Lyft y Uber están entre los negocios que puedes elegir entre tus cinco favoritos.) Los puntos de recompensa que usted acumula pueden ser eventualmente canjeados por tarjetas de regalo de los principales minoristas, incluyendo Amazon, Starbucks, Groupon, etc. Una vez más, el registro es simple y gratuito. Estará registrando a los minoristas a los que ya les ha comprado, por lo que es una propuesta que no puede perderse.

3) **Cuentas de Ahorro, Cuentas Corrientes.** La mayoría de las personas tienen cuentas corrientes y algunas personas tienen cuentas de ahorros. Con todas sus cuentas bancarias, le sugiero que verifique cuáles son sus tasas de interés para esas cuentas y luego las compare con las tasas que podría recibir de otros bancos. Una vez más, tenemos que entender que muchas personas eligen sus bancos por razones de conveniencia. Por lo tanto, si las tasas de interés de los bancos competidores son sólo ligeramente más altas que las de su banco, es posible que estas tasas más altas no merezcan un cambio. Sin embargo, si son sustancialmente más altos, entonces usted podría considerar un cambio o ponerse en contacto con su banco actual y preguntarles si tienen otros programas que puedan estar disponibles para usted para aumentar las tasas que usted está recibiendo. Tenga en cuenta que las tasas de interés de las cuentas corrientes rara vez son altas y que probablemente no se va a enriquecer tratando de negociar las tasas o cambiando

de banco. Sin embargo, "un centavo ahorrado es un centavo ganado" y usted puede decidir si un cambio o negociación vale la pena.

Las tarifas que pagará de su banco son igual de importantes a la hora de considerar sus gastos bancarios. Como todos sabemos, los bancos son conocidos por sus comisiones, que son una fuente importante de ingresos, e incluso algunos bancos han sido acusados de estafar a los clientes con sus comisiones. Al evaluar su banco, le sugiero encarecidamente que analice las comisiones que cobran. Cada banco debería poder proporcionarle una lista de comisiones. Estas comisiones pueden incluso ser publicadas en el sitio web del banco. ¿Tiene su cuenta corriente una cuota mensual de mantenimiento? ¿Existe un saldo mínimo antes de que se apliquen los cargos? ¿Alguna vez ha tenido sobregiros? Si es así, ¿cuáles son sus cargos? Muchos bancos tienen programas de protección contra sobregiros que pueden ofrecerle. Muchas personas dan por sentado estos cargos bancarios cuando les correspondería revisarlos al menos una vez al año para asegurarse de que sean competitivos con los cargos y comisiones de otros bancos.

Aunque revisar, comprar o negociar las comisiones bancarias puede no ser la forma más emocionante de ganar dinero y puede que no lo haga millonario, es algo fácil que puede hacer en muy poco tiempo para ganar o ahorrar dinero mensualmente.

4) **Certificados de depósito.** Si tiene la suerte de tener suficiente dinero para mantener los certificados de depósito, le sugiero que "compre" las tasas de interés con los bancos antes de depositar los fondos o renovar los certificados. Como los certificados de depósito no requieren mucha atención, no es

inusual que los titulares de certificados utilicen otros bancos además de sus bancos regulares. La conveniencia de los certificados de depósito no es un factor que lo sea para las cuentas corrientes, ya que básicamente usted deposita los fondos para sus certificados de depósito y luego el dinero simplemente permanece en el banco durante el plazo del certificado. Por lo tanto, no dude en comprar tasas de interés con sus certificados de depósito.

5) **Alquile sus activos.** La mayoría de nosotros tenemos al menos algunos activos rentables de los que podríamos obtener ingresos pasivos. ¿Tienes un coche? ¿Un barco? ¿Una casa de vacaciones? ¿Un vehículo recreativo? ¿Un cobertizo vacío o una caseta de garaje? ¿Una habitación libre en tu casa? Todos estos activos podrían proporcionar algunas fuentes de ingresos pasivos.

    a) **Tu casa o tu habitación de invitados.** Si usted está dispuesto a alquilar su casa o incluso una habitación libre en su casa, usted puede hacer algo de dinero en efectivo. Airbnb y otros sitios similares proporcionan vías confiables para que usted alquile su casa. Tengo amigos en Minneapolis que alquilaron su casa para la semana del Super Bowl y, al hacerlo, ganaron suficiente dinero para pagar su hipoteca por un año entero. Ganaban cinco cifras por noche. Sí, tienen una casa bonita, pero esto le da una idea de cuánto dinero se puede recaudar en el alquiler de una casa o incluso una habitación extra.

    Ahora, es importante recordar que el Super Bowl atrae a más de 100.000 visitantes a la ciudad y no hay suficientes habitaciones de hotel para acomodar a todos los visitantes. Por lo tanto, el mercado está maduro para la cosecha durante ese tiempo. Compañías como Airbnb comprobarán los antecedentes de sus huéspedes y también cobrarán la tarifa de alquiler que usted ha solicitado. Por lo tanto, hay muy poco trabajo de su parte, excepto preparar la casa para los visitantes. Mis amigos que alquilaron su casa para el Super Bowl hicieron arreglos para quedarse con sus parientes durante la semana que alquilaron su casa.

Tengo otro grupo de amigos que también alquilaron su casa en un suburbio de Minneapolis para el evento de golf de la Ryder Cup, que es un evento de golf internacional que es extremadamente popular, casi tan popular como el Super Bowl. Asimismo, pudieron pagar un año entero de hipoteca alquilando su casa a la familia de uno de los golfistas profesionales que participaron en el evento. Una vez más, por lo que usted puede alquilar su casa dependerá de la calidad de su casa y la popularidad del evento en su área, pero hay dinero sustancial que se puede hacer en el alquiler de su casa a los visitantes, si están en su ciudad para un gran evento deportivo, un gran evento de conciertos, una gran convención política, etc. Otro amigo mío de Minnesota alquiló su apartamento a un miembro de los medios de comunicación que estaba asistiendo a la Convención Republicana en el cercano St. Paul. Una vez más, no había habitaciones de hotel disponibles y el apartamento de mi amigo estaba en una ruta de tren cercano con fácil acceso al centro de convenciones en St. Paul.

¿Tiene una casa de vacaciones que esté vacía la mayor parte del año? Tengo una casa en un lago aislado en el norte de Minnesota. Uso esa casa en el lago sólo unas cinco semanas al año. Con esto en mente, he comenzado a alquilar esta casa en el lago a las personas interesadas. Yo, por supuesto, reservo los períodos en los que voy a usar la casa del lago, pero la casa está abierta para alquilar en cualquier otro momento. Utilicé un servicio de terceros para gestionar mis reservas, mantener contacto con los huéspedes y hacer la limpieza antes de que lleguen y después de que se vayan. Mi participación en toda la actividad se centra en recibir el dinero que la empresa gestora recauda. (¡Sí, es un trabajo duro, pero alguien tiene que hacerlo!) He descubierto que es una empresa extremadamente rentable y he notado que tengo una sonrisa en la cara cada vez que deposito uno de los cheques de esta actividad.

En un nivel mucho más básico: Si tiene una o varias habitaciones libres en su casa que se utilizan principalmente como almacén, podría considerar alquilar esta habitación de forma temporal o continua. Si usted hace esto, obviamente debe asegurarse de hacer una verificación de antecedentes de su posible inquilino. No querrás dar acceso a su casa a un completo desconocido. Pero si usted puede encontrar una persona de confianza para alquilar su habitación extra, puede valer la pena el ingreso adicional que obtendrá de esta actividad de ingresos pasivos. Por ejemplo, tengo un miembro de mi familia que tiene una pequeña habitación extra en la casa de su familia. Limpiaron toda la basura de su habitación y se la alquilaron a un universitario que tenía una pasantía de verano en su ciudad. Como era un dormitorio pequeño y como su inquilino era un universitario con pocos recursos, los inquilinos no se enriquecieron con el alquiler del dormitorio extra. Sin embargo, ganaron algún ingreso extra que apreciaron y convencieron al universitario de que cortara el césped en los meses que estaba alquilando.

b) **Su barco o su vehículo recreativo.** En la misma línea, si usted es dueño de un bote o de un vehículo recreativo (RV), es probable que no esté usando el bote o RV en forma continua. De hecho, la mayoría de los propietarios de embarcaciones y vehículos recreativos utilizan esos artículos sólo un par de veces al año. Estos son activos caros que pueden convertirse en flujos de ingresos pasivos. Empresas como Boatsetter y GetMyBoat son páginas web en las que puede alquilar su barco. Compañías como RVShare y Outdoorsy están disponibles para el alquiler de vehículos recreativos de persona a persona. Si navega por esos sitios, tendrá una buena idea de cuánto puede alquilar su barco o vehículo recreativo. La tarifa de alquiler de su barco dependerá de una serie de factores, incluyendo el tamaño y la ubicación de este. La tarifa de alquiler de su vehículo recreativo dependerá de factores similares. No es inusual que el alquiler de un vehículo recreativo traiga un alquiler de $150 a $300 por día. Una vez más, las compañías que están en este negocio de alquiler de barcos o de vehículos recreativos a menudo proporcionan el seguro del barco o del vehículo. Al mismo tiempo, se hará una verificación de antecedentes de los posibles inquilinos y se cobrará la cuota de alquiler. Entonces ellos tomarán su parte de la acción y le pagarán la cantidad restante.

c) **Tu auto.** Un auto en promedio permanece inactivo durante 22 horas al día. Muchas familias tienen más de un auto. Los coches son otro activo que puede utilizar para obtener ingresos pasivos. Compañías como Turo y Getaround ofrecen plataformas de alquiler de coches persona a persona. Estas compañías le permiten establecer el precio de alquiler de su vehículo y, lo que es más importante, se encargan de la investigación para las personas que quieren alquilar su coche y también se encargan del seguro para estos alquileres.

Otra manera de utilizar su coche como fuente de ingresos es convertirse en un conductor en su tiempo libre. La mayoría de ustedes están familiarizados con empresas tan conocidas como Uber o Lyft. Con estas compañías, es un proceso relativamente simple para ser aceptado como uno de sus conductores y le ofrecen la flexibilidad de conducir sólo cuando usted tiene el tiempo libre para conducir. Es una buena manera de ganar dinero extra. Tengo amigos que son conductores de

Uber o Lyft en su tiempo libre y luego usan el dinero que ganan para hacer los pagos mensuales de su auto o los pagos de su seguro de auto.

Por último, si no eres quisquilloso con el aspecto de tu coche, puedes optar por convertirlo en una valla publicitaria móvil. Compañías como Wrapify le pagarán por usar su auto como una valla publicitaria móvil y por anunciar varios productos o servicios. El dinero que gane al hacer esto dependerá del lugar donde viva (se prefieren las áreas muy pobladas) y de cuántas millas maneje. Wrapify y otras compañías como ésta rastrearán su millaje y luego le pagarán por la distancia recorrida. No es raro que la gente gane $100 a la semana por sus carteles móviles.

Cinco herramientas ingeniosas de micro inversión

Admito que hasta hace un par de años, ni siquiera sabía lo que era la micro inversión. Para aquellos que no están familiarizados con el concepto, les daré una lección rápida sobre lo que es y cómo funciona. La micro inversión es una actividad en la que las personas pueden invertir pequeñas cantidades en acciones. La micro inversión casi siempre ocurre a través de plataformas o aplicaciones móviles. A diferencia de los modos tradicionales de inversión en acciones, la micro inversión no se limita a las personas que tienen mucho dinero. Las inversiones son a menudo muy mínimas, como el nombre micro indica, y los inversionistas pueden invertir con tan poco como $1 a $5 a la vez. La micro inversión está diseñada para eliminar los obstáculos tradicionales a la inversión por parte de los inversores principiantes, incluyendo los mínimos de corretaje.

Con la micro inversión, usted no tendrá que convertirse en un nerd de la bolsa de valores. De hecho, no necesitará saber nada sobre el mercado de valores. La mayoría de las aplicaciones de micro inversión seleccionarán carteras para usted, basándose en sus preferencias, y luego colocarán las pequeñas cantidades que está invirtiendo en esos fondos. Cuando usted empiece a utilizar una aplicación de micro inversión, le pedirán que rellene un cuestionario para que puedan determinar sus preferencias y, a continuación, orientar sus inversiones hacia sus preferencias.

Una cosa que realmente me gusta de muchas de las aplicaciones de micro inversión es que tienen medios automáticos para que usted pueda hacer sus pequeñas inversiones. Algunos de estos medios se describen a continuación en las descripciones de las aplicaciones individuales.

Aunque nadie diría que se convertirá en multimillonario con la micro inversión y nadie diría que se convertirá en el próximo Warren Buffett, la micro inversión es una buena manera de sumergirse en el mercado de valores sin tener que gastar o arriesgar mucho dinero. Usted podrá ganar o ahorrar pequeñas cantidades de dinero sin grandes desembolsos en efectivo y sin los mínimos y honorarios del corredor.

Como se puede imaginar, hay bastantes aplicaciones de micro inversión para elegir. Esbozaré algunas de estas aplicaciones a continuación, pero debes tener en cuenta que siempre hay nuevas aplicaciones que puede querer investigar si está interesado en micro invertir.

1) **Acorns.** Esta es una de las aplicaciones más populares, ya que le permite invertir cantidades muy pequeñas redondeando automáticamente los cargos de su tarjeta de débito y crédito a la cantidad más alta en dólares más cercana y luego invierte esta pequeña cantidad extra (siempre menos de $1) para usted.

Ideas de ingresos pasivos

Por ejemplo, si compro un cartucho de tóner para mi impresora y el costo de ese cartucho es de $24.39, Acorns redondeará el cargo a $25 y agregará el cambio de 61 centavos a mi cuenta de inversión. Si por cualquier razón, no desea que estas cantidades se inviertan automáticamente, puede seleccionar manualmente para qué cargos se pueden invertir estas pequeñas cantidades adicionales. Lo que me gusta que este sitio redondee automáticamente mis cargos a la siguiente cantidad más alta de dólares es que considero que estas pequeñas cantidades son cambio de bolsillo que tendrá muy poco impacto en mi cuenta bancaria y que nunca voy a perder. Pero con todos los cargos de débito y crédito que hago, esas pequeñas cantidades se suman y logran una cuenta de inversión decente durante un período de tiempo.

Para darle una idea de la cantidad de dinero que puedo ahorrar e invertir con la aplicación Acorns, he estado ahorrando e invirtiendo un promedio de más de $40 al mes. Es cierto que utilizo mis tarjetas de débito y crédito con bastante frecuencia, porque las utilizo para compras personales y para mis compras en pequeñas empresas (y rara vez pago en efectivo por los artículos que compro), pero esto te dará una idea de lo que puedes esperar ganar con la aplicación Acorns. Proyecto que mis ahorros/inversiones anuales ascenderán a un total de entre $450 y $500 anuales. No, eso no me pondrá en la misma categoría de impuestos que el fundador de Amazon, Jeff Bezos, pero $500 tampoco es un cambio insignificante, al menos para mí.

Acorns cobra $1 al mes por sus servicios, dinero que fácilmente recupero de mis inversiones. Como se mencionó anteriormente, le harán algunas preguntas cuando se registre con ellos y usarán la información que usted les proporcione para crear un perfil financiero para usted. A continuación, crearán su cartera de inversiones, que puede variar de conservadora a agresiva, dependiendo de la información que usted les proporcione en su cuestionario.

2) **Stash.** Stash es un poco diferente a Acorns, ya que es un poco más práctico para los inversores. Con esta aplicación, en lugar de añadir cargos a su tarjeta de débito y crédito, Stash está configurado para que pueda retirar una cantidad específica de tu cuenta bancaria cada semana o cada mes. Al igual que Acorns, Stash le hará una serie de preguntas en un esfuerzo por determinar si deben dirigirlo hacia inversiones conservadoras, moderadas o agresivas. Una vez que lo hayan determinado, le proporcionarán un conjunto de carteras sencillas en las que podrá elegir invertir. Una vez más, no tendrá que ser un experto en acciones para determinar en qué acciones va a invertir, pero al menos tendrá que elegir una preferencia, algo que no tendrá que hacer con Acorns. Stash tiene un cargo mensual de $1 y requieren que usted haya acumulado un mínimo de $5 antes de que pueda comenzar a invertir.

3) **Rize.** Rize es una aplicación de ahorro e inversión orientada a objetivos. El componente de ahorro de esta aplicación está diseñado para ayudarle a ahorrar las cantidades de dinero que desea para pagar por las cosas que desea. Por ejemplo, si desea obtener una tabla de surf nueva a un costo aproximado de $400, Rize le establecerá un programa de ahorros en el cual le asignará una cantidad específica de cada uno de sus pagos para esta compra. (Usted será quien especifique la cantidad que se deducirá de cada cheque de pago). Al mismo tiempo, les dice cuánto dinero necesitará para comprar una tabla de surf nueva, y también le dice cuándo le gustaría tener esta tabla de surf. Con esta aplicación, puede ajustar fácilmente su configuración en cualquier momento. Puede acelerar o desacelerar sus pagos,

si es necesario. Rize cobra una comisión anual de gestión del 0,25% sobre sus inversiones. Algunos de estos cargos son compensados por el 1.6% de interés que pagan sobre su saldo.

4) **Robinhood.** La aplicación Robinhood es una aplicación para comprar y vender acciones en bolsas estadounidenses. La aplicación también se puede utilizar para comprar y vender ETFs (fondos cotizados en bolsa) y criptocurrency o criptomonedas. Este programa es bien conocido porque es gratuito y no cobra ninguna de las comisiones que normalmente se asocian con las transacciones de acciones. Sin comisiones, sin cargos por mantenimiento de cuenta, sin cargos por operaciones. Por otro lado, la aplicación Robinhood es una aplicación básica que no ofrece asesoramiento ni investigación sobre inversiones. Si estás interesado en comprar o vender acciones en esta aplicación, tendrás que pedir consejo en otro sitio.

5) **Betterment.** A diferencia de Robinhood, Betterment le permite no tener que preocuparse por sus inversiones. También le da acceso a asesores financieros que pueden ofrecerle asesoramiento sobre inversiones a través del sistema de mensajería de la aplicación. Betterment tiene dos niveles: El nivel Betterment Digital está disponible sin un mínimo de cuenta requerido. Betterment cobra el 0,25% de los activos de su Nivel Digital. La compañía también ofrece una versión premium al 0.40% de los activos con una inversión mínima de $100,000. Con Betterment Premium, la compañía ofrece acceso telefónico ilimitado a los miembros. Sé que Betterment Premium no será viable para la mayoría de nosotros aquí, pero el nivel de Betterment Digital es un buen negocio si usted está interesado en comprar y vender acciones y poder solicitar el asesoramiento de sus asesores financieros a lo largo del proceso.

Ideas de ingresos pasivos

Capítulo 2--Descubra el éxito de la autoedición

La autoedición es una de las formas más populares de obtener ingresos pasivos. Antes de decirte cómo descubrir el éxito de la autoedición, quiero asegurarme de que entiendes lo que es la autoedición. En la época antes del Internet, si querías escribir un libro y publicarlo, estabas totalmente a discreción de los editores tradicionales o tenías que pagar para que se imprimieran grandes cantidades de tu propio libro. Los autores que querían tener sus propios libros impresos, probablemente porque no podían venderlos a los editores, a menudo tenían que comprar hasta 5000 libros para conseguir un precio razonable.

En esos días, un amigo mío que eventualmente se convirtió en un autor de best-sellers del New York Times siempre había tenido el sueño de ser un autor. Después de terminar de escribir su primer libro, lo envió a 27 editoriales diferentes. Recibió 27 cartas de rechazo. Creía tan sinceramente en su libro y en su capacidad de escritura que decidió seguir el camino de la "prensa vanidosa" y hacer que su libro se imprimiera sin un editor. Tuvo que imprimir 5.000 libros en ese momento y, como estudiante recién egresado de la universidad y una persona que tenía un trabajo de camarero para pagar las cuentas, no tenía nada parecido al dinero que necesitaba para imprimir el mínimo de 5.000 libros. Era un gran vendedor y eventualmente consiguió los fondos necesarios a través de préstamos de algunos de sus clientes del bar.

Hizo imprimir los 5000 libros y luego cargó el maletero de su coche con cajas de sus libros y condujo de librería en librería en un esfuerzo por vender sus libros. Como mencioné antes, fue un gran vendedor y finalmente pudo vender todos sus 5000 libros de suspenso político a librerías e individuos. Poco después de reordenar su segundo lote de libros, recibió una llamada de un editor que había estado rastreando sus compras de libros de la "prensa de vanidad". Ese editor le pidió que enviara un manuscrito y poco después, le ofrecieron a mi amigo su primer contrato de un editor. Siguió con su carrera y escribió seis best-sellers del New York Times antes de que, desafortunadamente, muriera de cáncer a una edad temprana.

Le cuento esta historia de cómo eran las cosas antes para poder ilustrar cómo han cambiado las cosas desde el advenimiento de Internet y las impresoras digitales. Ahora puede escribir un libro, cargarlo en un sitio de autoedición en línea y vender libros digitales, libros impresos o audiolibros. Lo más impresionante es que puede comprar libros impresos en cantidades mínimas de uno. Sí, lo ha leído bien. Puede imprimir un libro a la vez. De hecho, con las impresoras digitales, su libro impreso no se imprimirá hasta que alguien lo solicite en línea. Entonces el impresor enviará el libro en cuestión de días, en lugar de las semanas o meses que se requieren para imprimir en los días anteriores a Internet.

Aunque hay bastantes pasos para escribir y autopublicar un libro, ahora el proceso es mucho más fácil que antes y se puede hacer de manera muy económica. En este capítulo del libro, le voy a decir cómo escribir y publicar sus propios libros. Publicar sus propios libros es una de las formas más populares de obtener ingresos pasivos.

Hay un montón de historias de éxito sobre personas que han hecho una fortuna a través de la auto publicación de sus propios libros.

Las estadísticas exactas sobre la industria del libro no siempre son fáciles de encontrar, pero tengo algunas estadísticas que le mostrarán el enorme mercado que es el mercado del libro. Según el NPD Group (National Purchase Diary), una conocida empresa estadounidense de estudios de mercado, en 2018 se vendieron más de 696 millones de libros impresos. Según Data Guy, una renombrada empresa analista de la industria del libro, se vendieron más de 781 millones de libros

Ideas de ingresos pasivos

electrónicos desde abril de 2017 hasta septiembre de 2018, con un total de ventas de 4.020 millones de dólares. Esto debería darle una buena idea de en lo que se va a meter cuando decida autopublicar libros.

Antes de seguir adelante, probablemente debería definir libros electrónicos para aquellos de ustedes que no estén seguros de lo que abarca el término. El término eBook o audiolibros es la abreviatura de libro electrónico e incluye todos los libros que se pueden leer en dispositivos móviles como teléfonos celulares y tabletas, computadoras y dispositivos de libros electrónicos como Kindle y Nook.

Cuando publiques tus libros, vas a tener que decidir si quieres libros impresos, ebooks, audiolibros o todo lo anterior. Hoy es muy común que la gente publique versiones impresas y libros electrónicos del mismo libro. Los audiolibros no son tan populares, pero están aumentando rápidamente en popularidad y ofrecen otra forma para que usted pueda sacar su libro a la venta para las personas que prefieren escuchar los libros en lugar de leerlos.

Probablemente la historia de mayor éxito en la publicación electrónica es la historia del autor E.L. James y su serie de *50 sombras de rey*. Publicó su primer libro de esa serie en 2011 como eBook y como libro de bolsillo impreso bajo demanda. Sus libros han vendido más de un millón de copias, incluyendo libros que ahora se han convertido en películas.

Las historias de éxito de auto publicación son abundantes en Internet. Me tomaré el tiempo para contarle la historia de una mujer porque es una gran historia de éxito y le dará una idea de las posibilidades que la autoedición puede ofrecer. Hay que reconocer que muy pocas personas alcanzarán estos elevados niveles, pero es bueno soñar, ¿no es así? Amanda Hocking era una autora desconocida de Minnesota que no podía lograr ser publicada por una editorial tradicional. Ella trabajaba como cuidadora de un hogar de grupo para pagar las cuentas y luego escribía novelas paranormales en su tiempo libre. Eventualmente, había escrito 17 libros y tenía un montón de cartas de rechazo de editoriales y agentes, que o no creían en su talento o no creían que habría mucho interés en el género. Finalmente, en 2010, frustrada por los editores y agentes que la seguían rechazando, Amanda decidió ver si podía vender sus libros en Kindle de Amazon. Ella misma publicó su novela de vampiros, *Mi Sangre Aprueba,* en el sitio de Amazon. Pronto empezó a vender nueve libros a la semana en el sitio. No hubo grandes sacudidas, por supuesto, pero al menos hubo algo de interés, suficiente interés para que se autopublicara tres libros adicionales en la serie en el sitio. No pasó mucho tiempo desde la publicación de esos tres libros adicionales hasta que la serie despegó. Obviamente, se corrió la voz y desde abril de 2010 hasta marzo de 2011, vendió más de un millón de copias de nueve libros diferentes y ganó 2 millones de dólares en ventas por esos libros. En un momento dado, ella vendía un promedio de 9000 libros al día. Su estrategia de ventas fue brillante. Vendió los primeros libros de su serie a sólo 99 centavos en un intento de enganchar a sus lectores con la serie. Los libros subsiguientes de la serie se vendieron por $2.99. Algunas de las editoriales convencionales se burlaron de la idea de vender un libro por sólo 99 centavos, pero Amanda Hocking vendió un volumen tan enorme de libros que sus ventas pronto dejaron de lado esas críticas. Amanda Hocking es un ejemplo del potencial de la autoedición.

Ahora que ya tenemos algo de información general y algunas historias de éxito fuera del camino, vamos a entrar en lo esencial de cómo escribir y publicar un libro.

Cómo escribir un libro. Su camino hacia la obtención de grandes beneficios en la autoedición

Encuentra un tema. Antes de que puedas escribir un libro, va a tener que seleccionar un subtema o un tema. Le sugiero que empieces con un proyecto que le interese. Si puede encontrar un tema en el que esté interesado o apasionado, encontrará que disfrutará mucho más escribiendo el libro. También se dará cuenta que escribir un libro sobre algo que conoce o en lo que está interesado requerirá mucha menos investigación.

Si usted no tiene un tema o subtema en particular en mente y sólo quiere escribir un libro para obtener ingresos adicionales, le sugiero que primero examine sus áreas personales de experiencia o interés. Por ejemplo, tengo un amigo que es un ávido ciclista. Hace unos años, me estaba contando cómo había andado en todos los senderos para bicicletas en el estado de Minnesota. Me estaba diciendo qué senderos le gustaban realmente, y qué senderos le gustaban menos. Incluso me contó todo sobre las heladerías o los cafés en los que se detendría mientras recorría estos senderos. Muchos de los senderos pasaban por pequeños pueblos que tenían cosas interesantes que ver o lugares preciosos escondidos, como tiendas de antigüedades, restaurantes, panaderías o tiendas de dulces.

Mientras me transmitía toda esta información, finalmente le dije: "Sabes, deberías escribir un libro sobre eso. Eres una fuente de información sobre las ciclovías en Minnesota y creo que la gente estaría dispuesta a pagar por esa información". Le sorprendió mi idea y la ignoró diciendo: "Yo nunca podría hacer eso". No soy un autor."

No dejé morir el tema y le ofrecí ayudarlo a autopublicar su libro si estaba dispuesto a reunir toda la información. Y me alegra decir que publicó un libro sobre senderos para bicicletas en Minnesota. Aunque este libro no lo ha hecho millonario, disfrutó haciéndolo, está orgulloso de haberlo hecho y ahora recibe cheques mensuales de regalías por las ventas de su libro. De hecho, ahora utiliza sus ventas de libros para costear sus viajes en bicicleta de fin de semana.

Así que la moraleja de la historia para aquellos que quieren escribir libros para ganar algún ingreso extra: Le sugiero que empiece con un área en la que esté bien informado o sea apasionado y luego determine cómo transmitir esa información en un libro. Tengo un amigo que ha

Ideas de ingresos pasivos

entrenado deportes juveniles durante gran parte de su vida adulta. También es padre de dos niños que aman los deportes. Ha escrito un libro para adultos sobre cómo entrenar a sus hijos. Otro amigo mío ha sido partera durante más de 20 años. Escribió un libro dirigido a mujeres embarazadas. Habló de los beneficios de usar una partera y de si los padres que esperan un hijo deben usar una partera o un médico. Tanto el padre-entrenador como la partera transmiten información valiosa en sus libros y han obtenido ingresos mensuales suplementarios de las ventas de esos libros.

Al determinar un tema para su libro o libros, no se desanime si ya hay varios libros disponibles sobre el tema que está considerando. Esto podría ser algo positivo en lugar de ser algo negativo. Por ejemplo, si quiere escribir un libro sobre nutrición, notará rápidamente que no será la primera persona en hacerlo. Hay miles de libros sobre nutrición. Esto no debe desanimarlo, ya que demuestra que definitivamente hay un interés en el tema. Si puede aportar una perspectiva única a cualquier tema, tendrá la oportunidad de tener éxito en la venta de su libro.

Desarrollar un título de trabajo. Anote las ideas para el título de su libro a medida que se le ocurran. Este llamado título será simplemente un título de trabajo, y usted podrá cambiarlo en cualquier momento antes de que el libro sea publicado. Pero su título de trabajo servirá como un recordatorio constante del tema de su libro. Si usted está escribiendo un libro de autoayuda, seguramente querrá encontrar un título que atraiga al lector a comprar y leer el libro. Títulos como "Cómo perder 10 libras en 10 días" y "Cómo entrenar a su nuevo cachorro" permitirán a los posibles compradores y lectores determinar inmediatamente si tienen más interés en su libro.

Desarrolle un Esquema. Al escribir un libro, va a ser importante para usted establecer algún tipo de organización con el contenido de ese libro. Con esto en mente, necesitarás desarrollar un bosquejo del contenido de ese libro, posiblemente incluso un bosquejo de capítulo por capítulo al que pueda adherirse al escribir el libro.

Seleccione una plantilla para su libro. A muchos autores de novelas les resulta más fácil utilizar una plantilla para escribir sus libros. Hay varios sitios en Internet que ofrecen plantillas de libros gratis, incluyendo hubspot.com. En algunos casos, dispondrá de varias plantillas diferentes entre las que podrá elegir. Estas plantillas le ayudarán a mantenerse organizado durante todo el proceso de escribir su libro. A medida que se vaya haciendo más hábil o experimentado en la escritura de libros, probablemente no necesitará una plantilla. Sin embargo, es una herramienta valiosa para los principiantes.

Escribe el libro. Después de haber hecho todo lo anterior, es hora de entrar en la esencia de escribir el libro en sí. Esto, junto con cualquier investigación que pueda ser necesaria, será probablemente el elemento que más tiempo consuma en la elaboración de un libro. Los autores más experimentados fijarán una hora designada para escribir sus libros, por ejemplo, 2 horas al día, 15 horas a la semana, etc. También determinarán a qué hora del día es mejor que escriban, por ejemplo, temprano en la mañana, tarde en la noche después de que los niños se hayan acostado, etc.

¿Qué pasa si no eres un buen escritor o si tienes información valiosa o una gran historia que impartir a otros, pero no sabes cómo ponerla en papel? Si este es el caso, probablemente tendrás que contratar a alguien para que escriba tu libro por ti. Los escritores fantasmas están disponibles en muchos sitios, incluyendo Upwork.com. Si vas a contratar a un profesional independiente para que escriba tu libro o tu historia, te animo a que recuerdes que sólo podrán ser tan buenos como la información que les proporciones. He escrito muchos libros y he recopilado la información de varias maneras, incluyendo un bosquejo escrito de la persona que quiere que el libro sea escrito, una colección de blogs de la misma persona, una entrevista telefónica semanal grabada en cinta de una o dos horas o una entrevista por Skype, etc.

De cualquier manera, usted tendrá que averiguar cómo hacer llegar la información necesaria al trabajador independiente. Si está contratando a un trabajador independiente con el que no ha trabajado antes, le animo a que solicite muestras de sus escritos para que pueda revisar la calidad y el estilo de estos y asegurarse de que cumplen con sus expectativas. En la misma línea, al trabajar con un trabajador independiente, le sugiero que les pida que escriban el primer capítulo de su libro por un precio simbólico y que luego procedan con el resto del libro después de haberse asegurado de que está en el camino correcto. Este ejemplo de capítulo le beneficiará tanto a usted como al trabajador independiente, ya que querrá asegurarse de que están "en la misma página" antes de llegar demasiado lejos en el proyecto.

Agregar ilustraciones, gráficos, fotos. Después de que haya escrito el libro, debe determinar si la adición de ilustraciones, gráficos o fotos añadirá valor al libro. Como ejemplo, acabo de terminar de escribir un libro que cuenta la verdadera historia de un ex oficial de la marina estadounidense que fue prisionero de guerra japonés en las Filipinas en la Segunda Guerra Mundial. Aunque la historia en sí era increíble, sabía que añadir fotos al libro añadiría valor al libro, ya que sabía que los lectores querrían ver al hombre cuya historia contábamos. Y aunque estas fotos eran viejas en blanco y negro y no estaban en perfecto estado, añadieron valor al libro y optamos por incluirlas. Un amigo mío completó recientemente un libro de recetas de pasteles. Obviamente, las fotos de los pasteles añaden mucho al valor del libro, ya que la gente que compra libros de recetas está acostumbrada a las fotos de los artículos de las recetas. Esta amiga tenía un presupuesto limitado para producir este libro de recetas, así que optó por tomar fotos de los diferentes pasteles con su teléfono celular en lugar de pagar a un fotógrafo profesional para que lo hiciera.

Diseño de portada. Ya sea que esté produciendo un libro impreso o un libro electrónico, debe saber que la portada probablemente será un factor extremadamente importante en las ventas del libro. Si alguna vez ha hojeado libros en una librería o en la biblioteca, sabrá que la portada o la cubierta de un libro puede influir sin duda alguna en el hecho de que compre ese libro o seleccione ese libro para leer. La portada es muy importante. Con esto en mente, usted querrá crear una portada atractiva para su libro. A menos que seas diseñador (la mayoría de nosotros no lo somos), va a tener que contratar a un freelance para que diseñe su portada. Tenga en cuenta que hay muchos artistas gráficos que se especializan en el diseño de portadas de libros. Anteriormente he utilizado el sitio fiverr.com para contratar a freelancers para mis diseños de portada. Siempre he podido contratar a alguien por menos de $100 para hacer eso y he podido conseguir algunos diseños geniales. Una vez más, con estos trabajadores independientes, su éxito puede depender de las instrucciones que usted les dé. En el sitio de Fiverr, tendrá muchos trabajadores independientes entre los que elegir. Al trabajar con ellos, tienes que decirles el tamaño del libro que quieres producir, si quieres una portada diseñada para un libro impreso, un eBook o ambos, y también tendrás que proporcionar la copia que quieras en la portada del libro, incluyendo el título y una breve descripción del libro.

Al trabajar con trabajadores independientes para diseñar portadas, casi siempre he optado por darles una foto o ilustración que quiero que usen en la portada. Hay una serie de sitios de fotos de stock en Internet que ofrecen grandes selecciones y excelentes motores de búsqueda para que usted pueda encontrar fotos o ilustraciones que puede utilizar en las portadas de sus libros. Anteriormente he utilizado istockphoto.com para mis necesidades de fotografía e ilustración. En este sitio, generalmente he podido comprar una fotografía por menos de $35 para usarla en las portadas de mis libros. Estas son fotografías sin licencia en las que los fotógrafos o ilustradores publican fotos o ilustraciones en el sitio que están disponibles para su compra de forma continua. Los fotógrafos o ilustradores obtienen un parte del dinero cada vez que un cliente compra su foto o ilustración.

Formato. Ya sea que desee un libro impreso, un eBook, o ambos, su libro va a tener que ser formateado para que pueda ser cargado correctamente en los sitios que imprimirán o venderán su libro. Si tiene tiempo, puede aprender a formatear usted mismo a través de tutoriales en Internet. Si no tiene tiempo (la mayoría de la gente no lo tiene), siempre puede contratar a un trabajador independiente para que lo haga por ti. Una vez más, fiverr.com ofrece una amplia selección de freelancers que le darán formato a su libro a precios anunciados de $15 a $100. Al contratar a un trabajador independiente para dar formato a su libro, tendrá que darles de nuevo el tamaño del libro si va a tener un libro impreso. También tendrá que decirles a quién planea usar para imprimir o vender sus libros. Al trabajar con freelancers en algunos sitios como el sitio de Fiverr, por favor recuerde que estos freelancers son de alrededor del mundo y puede haber diferencias de tiempo o de idioma. Con muchos de estos trabajadores independientes, el inglés es un segundo idioma, pero la mayoría de ellos son bastante competentes en él. Y la mayoría de ellos han realizado numerosos proyectos de diseño de portadas o de formato, por lo que es probable que sepan exactamente lo que necesitará enviar a varias plataformas de autoedición.

ISBN. Si va a tener un libro impreso, necesitará un ISBN. ISBN se refiere a International Standard Book Number (Número Estándar Internacional de Libros) y es un número de 13 dígitos utilizado por editoriales, librerías y bibliotecas para identificar libros. Los números ISBN no son necesarios para los libros electrónicos. Comprar un ISBN es un proceso simple y hay varios vendedores de ISBN en Internet. Usé isbnservices.com y pagué $18.99 por mi ISBN más reciente. Ese ISBN incluye un código de barras que puede ser usado para ser escaneado por librerías y bibliotecas.

Ideas de ingresos pasivos

Determinación del precio de venta. Como autor autopublicado, usted puede fijar su propio precio de venta. (Si estuvieras usando un editor tradicional, ellos dictarían a qué precio vendes.) Al determinar el precio de venta, siempre instruyo a los autores para que suban sus libros a plataformas de publicaciones como Amazon y averigüen en cuánto se venden los libros de su género. Una vez que haya determinado eso, debe conformarse con un precio de venta que se encuentre dentro de ese rango. Si usted está ofreciendo una versión impresa del libro, su precio de venta debe estar impreso en la contraportada de su libro dentro del área de ISBN y código de barras. Al determinar el precio de un libro impreso, recuerde que debe seleccionar el precio más alto posible al que vendería el libro y, a continuación, tenga en cuenta que podrá descontar ese libro si lo considera oportuno. Por ejemplo, escribí unas memorias de 250 páginas para las cuales decidí que el precio máximo de venta sería de $16. Fijé este precio no sólo porque era comparable a los precios de otras memorias, sino porque quería que mis lectores que pidieron una copia impresa a Amazon pudieran gastar $20 o menos, incluyendo el envío. Luego hice algunas apariciones personales en clubes de lectura, bibliotecas y librerías y, en el caso de los clubes de lectura y bibliotecas, pude rebajar el precio del libro a 12 o 14 dólares si lo compraban en el acto. Esto fue atractivo para los futuros lectores, ya que a todos les gusta un descuento y no tendrían que pagar por el envío como lo harían si hicieran su pedido en una fuente de Internet. En ese momento (hace unos años), estaba pagando entre 3 y 4 dólares por libro y comprando entre 25 y 50 libros a la vez para mis presentaciones, por lo que se puede ver que mi margen de beneficio seguía siendo muy bueno, incluso cuando rebaje el precio del libro el libro.

El precio de los libros electrónicos es ligeramente diferente y los precios suelen ser sustancialmente menores porque no hay impresión o materiales involucrados. La mayoría de los eBooks se venden entre $2.99 y $9.99. Si utiliza la plataforma Amazon Kindle Direct

Ideas de ingresos pasivos

Publishing (KDP) para vender su libro, puede esperar regalías del 70% sobre cualquier libro que se venda dentro de ese rango de precios de entre 2,99 y 9,99 dólares. Cualquier libro que caiga fuera de ese rango de precio, más alto o bajo, sus regalías disminuirán al 35%. Como puede ver por esos números, Amazon realmente prefiere que usted venda sus eBooks en su plataforma por $2.99-$9.99. Y los eBooks son diferentes de los libros impresos en el sentido que no se pueden renegociar el precio cuando se considere oportuno. En su mayor parte, el precio de venta que usted establece es el precio al que usted venderá el libro. Dicho esto, debe tener en cuenta que KDP ofrece a los posibles lectores la oportunidad de probar un capítulo gratuito para ver si quieren comprar el libro. También ofrecen un programa de regalos en el cual usted puede ofrecer su libro gratis cuando el libro es puesto a la venta por primera vez, en un intento de crear interés por el libro. Muchos autores han utilizado esta oferta gratuita para promocionar con éxito su libro y crear ventas posteriores a partir del interés que crean.

En la determinación del precio de los libros electrónicos, el género del libro será muy importante en la determinación del precio. Por ejemplo, si se trata de un libro romántico para el que se espera un consumo masivo, entonces notará que la mayoría de estas novelas románticas se venden en el extremo inferior del espectro de precios. Por otro lado, si usted tiene un libro histórico como el que mencioné sobre el oficial de la marina estadounidense que fue prisionero de guerra japonés, probablemente pueda obtener más dinero por ese libro, ya que no es una ficción que está destinada al consumo masivo y que atraerá sobre todo a los veteranos de guerra y a los aficionados a la historia.

Sube tu libro. Ahora las cosas empiezan a ponerse emocionantes. Está listo para la emoción. Su libro está terminado y es hora de subirlo a la plataforma o plataformas en las que pretende venderlo. Hay muchas plataformas disponibles para que las use en la venta de su libro.

Ideas de ingresos pasivos

Esbozaré algunos de ellos aquí para su conveniencia, pero por favor recuerde que hay opciones adicionales disponibles para usted.

1) **Amazon/Kindle.** Es la plataforma más conocida para la venta de libros autoeditados. Más de dos tercios de todas las compras de libros electrónicos se realizan a través de Kindle Direct Publishing (KDP) de Amazon, la plataforma que mencioné en la sección inmediatamente anterior a ésta. Si realmente quiere vender su libro como una fuente de ingresos pasiva, la plataforma Kindle de Amazon debería estar en la parte superior de su lista o cerca de ella. Una de las cosas que hacen que la plataforma KDP sea tan popular es que sus posibles lectores pueden obtener la aplicación Kindle para su computadora, tableta o teléfono. Esto significa que será fácil para ellos comprar y leer su libro. Amazon también tiene una asociación con Audible que le permitirá convertir fácilmente su libro a un formato de audio y vender libros adicionales. Voy a entrar en más detalles sobre los audiolibros en los párrafos que siguen. Por lo tanto, una de las grandes ventajas de usar la plataforma Amazon para vender su libro es que es la plataforma más popular para comprar y vender libros. Además, le ofrece la oportunidad de publicar versiones digitales, impresas y en audio de su libro en una sola plataforma.

2) **Nook.** Barnes & Noble es un gran minorista de libros y su dispositivo de lectura electrónica se llama Nook. The Nook es responsable de aproximadamente una cuarta parte de todas las lecturas electrónicas, por lo que esta es otra plataforma que deberías tener muy en cuenta para cualquier libro que quiera vender. Las regalías con la plataforma Nook son muy similares a los de Amazon/Kindle. Las regalías son el 65% del precio de lista para cualquier libro

vendido entre $2.99 y $9.99; 40% para libros vendidos fuera de ese rango.

3) **iBooks.** Publicar su libro en iBooks te permitirá venderlo en la Apple iBookstore. Esto significa que tu libro puede estar disponible para cualquiera que tenga un iPhone, un IPad, o un Mac, todos los dispositivos de Apple.

4) **Otros.** He descrito las tres plataformas principales arriba, pero debes saber que también hay otras plataformas disponibles para que las utilices en la venta de su libro. Aunque no voy a entrar en detalles con esas otras opciones aquí, me gustaría al menos mencionar algunas de ellas, para que pueda investigar usted mismo si tiene más interés. Las plataformas como Smashwords, Kobo y Scribd también son plataformas muy viables para vender libros. Puede que no ofrezcan los grandes números que ofrecen las "tres grandes" plataformas, pero aun así ofrecen la oportunidad de vender más libros y ganar más dinero.

Comercialización de su libro. Consejos para maximizar los beneficios de su libro

Comercialización de su libro. El hecho de que haya terminado de escribir su libro y lo haya puesto a la venta en varias plataformas no significa que haya terminado. La comercialización de su libro es uno de los factores más importantes para ganar dinero. Hace algunos años, un amigo mío organizó una fiesta de fin de año para sus amigos y compañeros de trabajo. Compró grandes cantidades de comida y bebidas para su fiesta, suponiendo que sería la fiesta del año. Cuando el reloj marcó la medianoche y llegó el año nuevo, me preguntó cuál era la razón por la que sólo había menos de una docena de personas en su fiesta. "No estoy seguro", respondí. "¿Le dijiste a la gente que ibas a hacer la fiesta?" Mi amigo respondió que había estado tan ocupado haciendo planes para la fiesta que no había tenido la oportunidad de contarle a mucha gente sobre la fiesta. Como él mismo dijo, "Pensé que la palabra se correría".

Bueno, lo mismo pasa con su libro. Ahora que has invertido tiempo y dinero para escribir su libro, es el momento de decirle a la gente que está disponible. No puede esperar que la gente compre su libro si ni siquiera saben que existe.

Con esto en mente, tengo algunos consejos para que comercialice su libro y lo venda. Si quiere maximizar el dinero extra que gana con su libro, tendrá que comercializarlo. Y si puede comercializarlo con éxito, es posible que pueda cosechar beneficios financieros de él durante bastante tiempo.

Aquí hay algunas formas sencillas y económicas de comercializar su libro:

1) **Medios de comunicación social.** La mayoría de nosotros ya tenemos presencia en los medios sociales. Los medios sociales le ofrecen una gran oportunidad para correr la voz sobre su nuevo libro. Los autores han utilizado plataformas de medios sociales como Facebook, Instagram, Twitter, Tumblr, Reddit y Pinterest para promocionar sus nuevos libros. En muchos casos, ofrecerían una muestra gratuita para los lectores en un esfuerzo por conseguir que se interesen en comprar el libro. Además, tenga en cuenta que no debe utilizar estas plataformas una sola vez para promocionar su libro. He usado esas plataformas varias veces, para anunciar que el libro está disponible, para publicar críticas positivas que recibo de él, para recordar a la gente que tu libro sería un gran regalo para las fiestas, etc.

Ideas de ingresos pasivos

2) **Blogs, sitios web.** ¿Tiene un blog o un sitio web que puede utilizar para dirigir a los visitantes a las plataformas donde pueden comprar su libro? Si es así, debe asegurarse de utilizar estas plataformas para promocionar su libro. Si no es así, es posible que desee considerar la posibilidad de crear un blog para promocionar su nuevo libro y cualquier otro libro en el futuro.

3) **Emails, Mensajes.** También he utilizado correos electrónicos y mensajes masivos para anunciar la disponibilidad de mis libros. A lo largo de los años, he acumulado una importante libreta de direcciones. Todas estas personas son clientes potenciales. Así que, siempre que tengo un nuevo libro disponible, envió un correo electrónico masivo a mis contactos, incluyendo un folleto de ventas que muestra la portada del libro junto con una breve descripción del libro y dónde pueden comprarlo.

4) **Marcadores, postales.** Además, cada vez que tengo un libro nuevo, imprimo algunos marcadores y postales que puedo entregar a las personas que conozco en persona. En realidad, no envío muchas de las postales, pero me gusta repartirlas a las personas que conozco. Me gusta el tamaño de las postales porque pueden contener más información que los marcadores más pequeños. Los marcadores y las postales son formas baratas de promocionar su libro. Creo que pagué $25 más gastos de envío por 500 marcadores y $30 más gastos de envío por 500 postales de una fuente en línea. Utilizo estos artículos casi como tarjetas de presentación, repartiéndolas fácilmente a casi todas las personas que conozco.

Ideas de ingresos pasivos

Consejos para publicar libros de audio

El mercado de audiolibros es otra plataforma para que usted la utilice para mejorar sus ventas de libros publicados por usted mismo. Aunque el mercado de audiolibros no es tan grande como el mercado de libros impresos o libros electrónicos, es un mercado floreciente que merece su consideración. En una época en la que los podcasts y las aplicaciones de radio son populares, es importante tener en cuenta que algunas personas prefieren ver o escuchar las cosas en lugar de leerlas. Ya sea que estén conduciendo un automóvil, haciendo ejercicio en el gimnasio o tumbados en la playa, a algunas personas les gusta escuchar audiolibros. Y, por supuesto, hay otras personas a las que no les gusta leer y prefieren los métodos audiovisuales.

Soy de la creencia de que usted debe esperar a ver qué tan exitosos son sus libros impresos o eBooks antes de decidir publicarlos como audiolibros. La razón por la que digo esto es por el tiempo y el gasto extras que implica. Antes de invertir más tiempo o dinero en su libro, primero debe determinar si tiene éxito en formato impreso o eBook. Si es así, definitivamente debería publicar su libro en formato de audio. Si no lo hace, estarás dejando dinero en la mesa que podría estar ganando, usando un formato de audio.

Audiobook Creation Exchange (ACX) es la plataforma más popular para audiolibros. Si añade su audiolibro a ACX, estará disponible para su venta en Amazon, Audible y en la Apple Audio Store. Para aquellos que no están familiarizados con Audible, es un vendedor y productor de entretenimiento de audio hablado, información y programación educativa en Internet. Es uno de los mayores vendedores digitales de audiolibros.

Si publica su libro en ACX, ganará regalías del 20% al 40% de lo que sea su precio de venta.

Aquí encontrará información general rápida sobre la conversión de su libro de un formato impreso o digital a un formato de audio.

Ideas de ingresos pasivos

Consejos para publicar libros de audio

El mercado de audiolibros es otra plataforma para que usted la utilice para mejorar sus ventas de libros publicados por usted mismo. Aunque el mercado de audiolibros no es tan grande como el mercado de libros impresos o libros electrónicos, es un mercado floreciente que merece su consideración. En una época en la que los podcasts y las aplicaciones de radio son populares, es importante tener en cuenta que algunas personas prefieren ver o escuchar las cosas en lugar de leerlas. Ya sea que estén conduciendo un automóvil, haciendo ejercicio en el gimnasio o tumbados en la playa, a algunas personas les gusta escuchar audiolibros. Y, por supuesto, hay otras personas a las que no les gusta leer y prefieren los métodos audiovisuales.

Soy de la creencia de que usted debe esperar a ver qué tan exitosos son sus libros impresos o eBooks antes de decidir publicarlos como audiolibros. La razón por la que digo esto es por el tiempo y el gasto extras que implica. Antes de invertir más tiempo o dinero en su libro, primero debe determinar si tiene éxito en formato impreso o eBook. Si es así, definitivamente debería publicar su libro en formato de audio. Si no lo hace, estarás dejando dinero en la mesa que podría estar ganando, usando un formato de audio.

Audiobook Creation Exchange (ACX) es la plataforma más popular para audiolibros. Si añade su audiolibro a ACX, estará disponible para su venta en Amazon, Audible y en la Apple Audio Store. Para aquellos que no están familiarizados con Audible, es un vendedor y productor de entretenimiento de audio hablado, información y programación educativa en Internet. Es uno de los mayores vendedores digitales de audiolibros.

Si publica su libro en ACX, ganará regalías del 20% al 40% de lo que sea su precio de venta.

Aquí encontrará información general rápida sobre la conversión de su libro de un formato impreso o digital a un formato de audio.

Ideas de ingresos pasivos

2) **Blogs, sitios web.** ¿Tiene un blog o un sitio web que puede utilizar para dirigir a los visitantes a las plataformas donde pueden comprar su libro? Si es así, debe asegurarse de utilizar estas plataformas para promocionar su libro. Si no es así, es posible que desee considerar la posibilidad de crear un blog para promocionar su nuevo libro y cualquier otro libro en el futuro.

3) **Emails, Mensajes.** También he utilizado correos electrónicos y mensajes masivos para anunciar la disponibilidad de mis libros. A lo largo de los años, he acumulado una importante libreta de direcciones. Todas estas personas son clientes potenciales. Así que, siempre que tengo un nuevo libro disponible, envió un correo electrónico masivo a mis contactos, incluyendo un folleto de ventas que muestra la portada del libro junto con una breve descripción del libro y dónde pueden comprarlo.

4) **Marcadores, postales.** Además, cada vez que tengo un libro nuevo, imprimo algunos marcadores y postales que puedo entregar a las personas que conozco en persona. En realidad, no envío muchas de las postales, pero me gusta repartirlas a las personas que conozco. Me gusta el tamaño de las postales porque pueden contener más información que los marcadores más pequeños. Los marcadores y las postales son formas baratas de promocionar su libro. Creo que pagué $25 más gastos de envío por 500 marcadores y $30 más gastos de envío por 500 postales de una fuente en línea. Utilizo estos artículos casi como tarjetas de presentación, repartiéndolas fácilmente a casi todas las personas que conozco.

Ideas de ingresos pasivos

1) **Prepare su libro para audio.** Tendrá que editar sus libros impresos o digitales para que puedan ser utilizados como audiolibros. En otras palabras, elimine todo lo que no tenga sentido en un formato de audio, es decir, sin referencias a ilustraciones, fotos o gráficos; sin hipervínculos ni avisos de "haga clic aquí".

2) **Decida quién grabará su audio.** Si va a tener un audiolibro, va a tener que determinar quién grabará su libro ¿Querrá contratar a un narrador o querrá grabar el libro con su propia voz? Si usted tiene un libro educativo o memorias, es más probable que sea el narrador de su propio libro que de un libro de ficción en el que le sirvan mejor para usar a alguien con un conjunto de habilidades de actuación. En mi propia experiencia, siempre he contratado a un narrador, incluso para mis propias memorias. Lo he hecho por varias razones, pero sobre todo porque no tengo una gran voz de narrador. Mi garganta se seca muy rápidamente cuando hablo mucho, y estoy seguro de que me llevaría mucho tiempo narrar un libro lo que causaría que los oyentes se cansaran rápidamente de mi voz áspera. Además, tengo un entorno familiar relativamente ruidoso, incluyendo mucho ruido de la calle, y me temo que el ruido de fondo distraería demasiado al oyente. Había pensado anteriormente en alquilar un estudio de grabación para grabar mi libro, pero creo que el dinero que habría gastado en alquilar un estudio también se podría gastar en pagarle a un narrador.

3) **Contratación de un Narrador.** Contratar a un narrador puede no ser tan costoso como se podría pensar. Tengo un socio que contrata narradores con frecuencia y por lo general puede contratar a alguien por menos de $500. Me dice que hay dos

sitios que recomendaría para contratar a un narrador independiente. Estos sitios son Upwork y Voices. ACX también tiene narradores que puedes contratar para su libro. Al contratar a cualquier narrador freelance, usted debe pedirles absolutamente que proporcionen muestras previas de su trabajo. Y, también puede pedirles que narren una pequeña porción de su libro antes de contratarlos oficialmente. De esta manera, usted puede asegurarse de que encajan bien en su proyecto antes de que se adentre demasiado en el libro.

4) **Alquile un estudio de grabación; narrar su propio libro.** Si desea narrar su propio libro, y si el entorno de su casa u oficina es demasiado ruidoso para hacerlo, es posible que tenga que alquilar un estudio de grabación para utilizarlo en la narración de su libro. Tengo un amigo que me dice que esto puede ser un proceso de 10 a 20 horas, dependiendo de la longitud de su libro, así que puede que tenga que reservar el estudio para varios días. Una vez más, tenga en cuenta que el uso de su voz durante un período de tiempo tan largo puede afectar la calidad de su voz, por lo que es posible que tenga que alquilar el estudio en bloques más pequeños de tres o cuatro horas a la vez.

Si quieres aprender más sobre cómo crear un audiolibro, te sugiero que visites selfpublishingschool.com, donde Chandler Bolt tiene un extenso artículo sobre exactamente cómo publicar un audiolibro.

Seis pasos hacia la obtención de ingresos adicionales mediante la publicación de cursos en línea

Sería negligente si no discutiera cómo la publicación de cursos en línea puede crear fuentes de ingresos adicionales para usted. El mercado de cursos y aprendizaje en línea es cada vez más grande. La firma de investigación Global Market Insights proyecta que los cursos de aprendizaje en línea podrían alcanzar los 240.000 millones de dólares en 2023. Es un número astronómico.

Con esto en mente, le animo a que considere desarrollar cursos en línea para crear fuentes de ingresos pasivos adicionales para usted. Aquí hay algunos consejos sencillos para empezar a desarrollar un curso o cursos en línea:

1) **Encuentra un tema.** ¿En qué es un experto? ¿Tiene usted información que es valiosa para otros al punto de que otros estarán dispuestos a pagar para aprender esa información? O, incluso si no es un experto, ¿puede convertirse en un experto? Una de las principales historias de éxito de los cursos en línea es la de Purna Duggirala, un hombre de la India que se hace llamar Chandoo. Hace algunos años, Chandoo identificó la oportunidad de ganar dinero organizando cursos en línea. Se dio cuenta de que la gente no sabía cómo usar el programa de software de Excel, por lo que se le ocurrió una serie de cursos en los que enseñó a los suscriptores a ser excelentes o impresionantes en Excel. Hizo más de un millón de dólares en 2014 con ese concepto. Una vez más, todos sabemos que estas historias de éxito sólo muestran la gama alta que una persona puede ganar. Es poco probable que gane esa cantidad de dinero con sus cursos en línea. Pero de nuevo, no hay nada malo en soñar. Incluso si usted puede obtener un adicional de $500 a $1000 cada mes de su curso o cursos en línea, estoy seguro de que lo tomaría.

Ideas de ingresos pasivos

Al determinar un tema para sus cursos en línea, le sugiero que primero haga un inventario personal de sus propios conocimientos para ver si hay algo que pueda impartir a las personas que estarían dispuestas a pagar por su experiencia. ¿Es usted un experto en tecnología? ¿Puede enseñar a codificar o programar? ¿Habla varios idiomas? ¿Puede enseñar uno de esos idiomas a personas que planean visitar un país extranjero? Un amigo mío es originario de Filipinas. Además de hablar ahora un inglés impecable, habla con fluidez el visayano y el tagalo, dos idiomas que hablan muchos filipinos. Así que, con la capacidad de hablar estos idiomas, creó una serie de minicursos en línea en los que enseña a personas de habla inglesa que se están preparando para visitar las Filipinas cómo hablar esos idiomas nativos. Ella ha tenido mucho éxito en conseguir que la gente se suscriba a sus cursos y ha obtenido un buen ingreso suplementario de esos cursos.

Si no tiene ninguna área en la que se consideres un experto, siempre puede convertirse en un experto simplemente recogiendo la información que te apasiona e insertándola en un curso que esté disponible en línea para otros. Leí una historia sobre un hombre que no sabía nada de codificación, pero cuando terminó de leer varios libros sobre el tema, tomando algunos cursos en línea y tutoriales, sabía más que casi todas las personas que estaban interesadas en el mismo tema. Así que, aunque no había empezado como experto, se convirtió en un experto con información valiosa por la que la gente estaba dispuesta a pagar.

2) **Cree un esquema del curso.** Si va a crear un curso en línea, seguramente necesitará un esquema para ese curso. No sólo utilizará ese esquema para transmitir información a los suscriptores, sino que también lo utilizará para vender el curso a posibles suscriptores, que seguramente querrán saber lo que

Ideas de ingresos pasivos

implica el curso antes de que se inscriban en él. Al configurar su curso, tenga en cuenta que la mayoría de los cursos en línea están limitados a un máximo de 20 minutos por sesión. Después de eso, los suscriptores comienzan a perder interés. Le sugiero encarecidamente que establezca una serie de cursos de 15 a 20 minutos que puedan enseñar a la gente todo lo que quieren saber sobre cualquier tema que usted esté enseñando. Esto puede implicar desde sesiones de tres cursos hasta diez. De cualquier manera, limite sus sesiones a 20 minutos. Y recuerde, cada curso debe acercar a sus suscriptores a las metas y objetivos de su curso.

3) **Determine el precio de su curso.** Al determinar el precio de su curso en línea, tenga en cuenta que la duración del curso no debe ser el principal factor determinante. En primer lugar, usted debe investigar a cuánto sus competidores en el mismo tema están vendiendo sus cursos. Luego, usted debe ver cómo su experiencia cae dentro del espectro de aquellas personas que están ofreciendo cursos similares. Por ejemplo, si Bill Gates o Paul Allen ofrecieran un curso sobre cómo usar Windows, es seguro suponer que probablemente no podrá cobrar la misma cantidad por un curso similar. Digo esto de manera un tanto irónica, pero si usted es un neófito en el campo para el cual ofreces un curso en línea, probablemente no vas a poder cobrar tanto como un experto en el campo. Finalmente, al determinar el precio de su curso en línea, usted debe considerar cuánto valor le está dando al suscriptor del curso. Por ejemplo, si usted va a ofrecer un curso en línea que puede ser usado para ganar miles de dólares, usted debería poder cobrar mucho más por ese curso de lo que lo haría si ofreciera enseñar portugués a personas que están plancando visitar Brasil. O si su curso en línea está resolviendo un problema, un curso que resuelve un problema mayor obviamente debe tener un precio más alto que

un curso que resuelve un problema menor. Use el sentido común para fijar su precio de venta, y no tenga miedo de probar diferentes precios. Es su curso y deberías ser capaz de fijar el precio que quieras para ese curso, siempre y cuando la gente esté dispuesta a suscribirse.

Me gustaría mencionar otra cosa con respecto a los precios de los cursos en línea. Sí, podrá ganar dinero si puede <u>decirle a</u> la gente cómo hacer algo, pero podrá ganar aún más dinero si puede <u>mostrarles</u> cómo hacer algo. Y finalmente, podrá cobrar aún más si puede ofrecer apoyo para la información que está tratando de enseñar. Por ejemplo, si usted tiene un curso sobre cómo autopublicar un libro, ¿está disponible para contestar preguntas individuales que sus suscriptores puedan tener?

4) **Crear el contenido del curso.** Usando el esquema de su curso, usted debe crear el contenido del curso para cada uno de los segmentos de su lección. Dependiendo de sus preferencias personales, puede decidir si desea trabajar con un guion o no, pero definitivamente querrá trabajar con un esquema. Muchos de los cursos en línea más exitosos no funcionan a partir de un guion y son más informales y conversacionales, pero casi todos funcionan a partir de un esquema.

5) **Cree el curso.** El siguiente paso es crear el curso en sí mismo. A estas alturas, ya habrá decidido si su curso va a ser un curso escrito, un curso de audio o un curso de vídeo. Obviamente, los cursos en video son los más exitosos, porque a la gente le gusta ver las imágenes a medida que aprende. Si vas a hacer un curso de vídeo, no necesitarás contratar a un experto en vídeo para que filme o edite tus lecciones. Usted debe poder hacer esto en su teléfono, y debe saber que hay muchas herramientas y programas de software fáciles de usar disponibles. Programas

Ideas de ingresos pasivos

como Camtasia y Quicktime se encuentran entre los programas que se pueden utilizar para las grabaciones de pantalla.

Al crear su curso, debe recordar que no es realista esperar que la grabación del video de la lección tenga la sensación de una gran producción televisiva. El contenido de la lección será más importante que la presentación y sin duda mejorará en la producción de sus lecciones a medida que vaya adquiriendo más experiencia al hacerlo.

6) **Inicie su curso.** Hay una tonelada de diferentes plataformas disponibles para alojar sus cursos en línea. En lugar de intentar pasar por una multitud de estas plataformas, te diré cómo funciona una de las más populares para que te hagas una idea de lo que puedes esperar al publicar y vender los cursos en línea que desarrollas. Udemy.com es la plataforma de aprendizaje en línea más grande del mundo. Más de 30 millones de estudiantes han tomado cursos en Udemy; más de 50.000 instructores ofrecen más de 130.000 cursos en más de 60 idiomas. Esto te dará una idea del alcance de la plataforma Udemy. Cualquiera puede publicar un curso en Udemy. Si quieres cobrar una cuota a los estudiantes de Udemy, tendrás que rellenar una solicitud gratuita que normalmente se aprueba en un plazo de dos días. Por cada estudiante que consigas para tomar tu curso, recibirás el 97% del precio del curso. Udemy recibirá una comisión del 3%. Si Udemy asegura a los estudiantes para sus cursos a través de su propio marketing, ellos tomarán un 50% de comisión y el instructor recibirá el otro 50%. Como Udemy no cobra por hospedaje, la única forma de ganar dinero es vendiendo cursos. Udemy es ampliamente conocido como un buen punto de partida para los instructores principiantes en línea, ya que ofrece una forma sencilla para que los instructores/vendedores ensamblen contenido como diapositivas de PowerPoint, documentos PDF

y vídeos de YouTube en un curso coherente. La plataforma Udemy también ofrece una variedad de herramientas de marketing para ayudar a los vendedores a vender su curso.

Otras plataformas populares de cursos de aprendizaje en línea son Teachable, WizIQ, Thinkific y Ruzuka. Si desea profundizar en las diferentes plataformas de cursos en línea que están disponibles, le recomiendo que visite www.learningrevolution.net/sell-online-courses/, donde tienen un bonito artículo que describe 15 de las mejores plataformas de cursos de aprendizaje en línea.

Ya sea que esté publicando libros impresos, libros digitales, audiolibros o cursos de aprendizaje en línea, estos métodos de auto publicación le ofrecen algunas excelentes oportunidades para crear fuentes de ingresos pasivos que pueden hacerle ganar dinero durante largos períodos de tiempo después de haber hecho el trabajo inicial para desarrollar los materiales. Estos espacios de autoedición no son un ingreso 100% pasivo, ya que se requiere de un trabajo inicial. Sin embargo, una vez que haya publicado los materiales, podrá obtener ingresos adicionales durante largos períodos de tiempo -semanas, meses e incluso años- con muy poco trabajo adicional.

Capítulo 3--Blogging para grandes ganancias

Otra gran manera de crear ingresos pasivos adicionales será crear una serie de blogs. Todos estamos familiarizados con la multitud de blogs que aparecen en Internet, pero puede que no entiendas exactamente cómo los blogueros obtienen ingresos de sus blogs. Con este capítulo, voy a proporcionar algunos consejos sobre cómo puede iniciar un blog de éxito que le puede proporcionar ingresos adicionales. Como la mayoría de las fuentes de ingresos pasivos, iniciar un blog requerirá algo de tiempo y esfuerzo. Pero una vez que se ha creado, sus blogs pueden seguir proporcionando ingresos durante meses, semanas e incluso años.

La verdad sobre ganar a través de los blogs

Estoy seguro de que eres consciente de que hay millones de blogs en Internet. Cualquiera que haya utilizado Google o Bing puede atestiguar el hecho de que hay un blog en Internet para casi todos los temas imaginables. Algunos de esos blogs hacen dinero; otros no. Algunos de esos blogs tienen la intención de ganar dinero; otros no. Algunos de los blogs destinados a hacer dinero no lo hacen. Con este capítulo, nos concentraremos en los blogs que están destinados a hacer dinero y le daré algunos consejos y técnicas sobre cómo crear un blog y, a continuación, cómo monetizar ese blog.

Determine un nicho. Al iniciar un blog que le va a proporcionar ingresos adicionales, primero tendrá que encontrar un nicho para ese blog. Un nicho es un segmento de mercado o audiencia en particular. A menos que tu blog tenga un nicho específico o una audiencia objetivo, va a ser muy difícil para ti monetizarlo. Sí, hay bloggers en Internet que escriben sobre temas aleatorios o sobre cualquier cosa y todo. Pero la mayoría de esos bloggers no ganan dinero con sus blogs.

Ideas de ingresos pasivos

Los bloggers que ganan dinero con sus blogs suelen tener temas o nichos específicos que utilizan para atraer visitantes a su sitio o resolver problemas específicos.

Al determinar un nicho para tu blog, debes recordar que la mayoría de las personas visitan los blogs para recopilar información o para resolver un problema específico. Si usted puede proporcionarles la información que están buscando en un paquete atractivo, entonces usted tendrá la oportunidad de tener un blog de éxito. Es importante tener en cuenta que, sea cual sea el nicho que elijas, es probable que ya existan blogs que ya estén dentro de ese nicho. No dejes que esto te desanime. Si usted puede transmitir información valiosa y puede transmitirla de una manera directa, entretenida y atractiva, tendrá la oportunidad de tener éxito con su blog.

Aquí hay ejemplos de algunos de los nichos de blog más populares:

- --Cómo hacer dinero.
- --Salud y buen estado físico.
- --Estilo de vida.
- --Comida.
- --Finanzas personales.
- --Belleza y Moda.

Al elegir un nicho para tu blog, le recomiendo que elija un tema o un área que le apasione. Si le apasiona algo, es mucho más probable que puedas escribir blogs sobre ese tema. Sus lectores serán capaces de sentir su pasión y usted será mucho menos propenso a abandonar su blog o serie de blogs porque se ha aburrido o ha perdido el interés en él.

Le daré un ejemplo. Tengo un amigo cercano que es un ávido fanático del béisbol. Su equipo favorito es el equipo de béisbol profesional de los Minnesota Twins. Mi amigo, que cuando lo conocí trabajaba en un trabajo diario, es tan aficionado al béisbol que pasa casi todo su tiempo libre pensando y hablando sobre el béisbol. Vive y respira béisbol. Un día, se dio cuenta de que podría ganar dinero con su pasatiempo favorito. Así pues, él comenzó un blog de béisbol de los Minnesota Twins en el cual él fijó los artículos que él escribió sobre su equipo preferido. Rápidamente descubrió que había muchos otros fanáticos de los Minnesota Twins que estaban desesperados por leer sobre su equipo todos los días y que querían una dosis diaria de información sobre los Twins, incluso durante la temporada baja. Así, lo que comenzó como un blog semanal, rápidamente se convirtió en un blog o post diario. Ahora tiene un grupo estable de contribuyentes regulares que contribuyen a su sitio web con el tema de los Minnesota Twins. Tiene un foro en el que los visitantes de su sitio o los lectores de su blog pueden comentar sobre diversos temas relacionados con los Twins El sitio ahora tiene podcasts semestrales en los que él y algunos de sus asociados hablan del equipo. Es un invitado en programas de radio y habla sobre los Minnesota Twins. En resumen, ha convertido su pasión y sus modestos blogs iniciales en un trabajo a tiempo completo. Está haciendo realmente lo que ama. Su sitio web Twins/blog spot ahora recibe tantos visitantes diarios que es fácilmente capaz de vender publicidad en el sitio a compañías que buscan alcanzar el mismo nicho de audiencia. Entre estos anunciantes se incluyen corredores de entradas, bares y restaurantes que se encuentran cerca del estadio Twins, agencias de viajes que coordinan las vacaciones de entrenamiento de primavera para ver a los Twins, etc. Es increíble pensar que todo esto comenzó con un blog básico y se ha convertido en un negocio rentable a gran escala.

Al revisar este ejemplo, es importante recordar que mi amigo seleccionó un nicho que le apasionaba, por el que no iba a perder el interés. Iba a pensar y hablar de béisbol tanto si tenía un blog como si no. Pero al lanzar su blog, rápidamente descubrió que mucha gente tiene la misma pasión que él, y fue capaz de monetizar esa pasión en un negocio rentable.

Si quiere determinar un posible nicho para su blog y no está muy seguro de cuál sería un buen nicho para usted, déjame sugerirle que te haga las siguientes preguntas: ¿Cuál es su pasatiempo favorito? ¿Cómo pasas la mayor parte de tu tiempo libre? ¿Hay algún tema o tema sobre el que usted podría seguir y seguir hablando si alguien está dispuesto a escuchar? ¿Cuáles fueron tus asignaturas favoritas en la escuela secundaria o en la universidad? ¿Sobre qué cosas le gusta leer, aprender o reunir información? Si usted fuera rico y no tuviera que trabajar para ganarse la vida, ¿qué actividades o pasatiempos elegiría para llenar su tiempo?

Escribe algunos blogs. Una vez que haya determinado su nicho, puedes empezar a escribir blogs. En lugar de escribir un solo blog, le sugiero que escriba una serie de blogs para que pueda publicarlos regularmente (semanal, mensual, etc.). Prepare algún tipo de esquema en el que usted determine y detalle los temas de cada uno de sus blogs. Algunos bloggers prefieren poner todo su contenido en línea al mismo tiempo y luego dejarlo así. Por ejemplo, si el nicho está dirigido a los bloggers y es sobre Cómo empezar y ganar dinero desde un blog, el blogger podría publicar varios blogs al mismo tiempo. Los temas para los blogs individuales podrían incluir cómo elegir un nicho de blog, cómo escribir un blog, cómo elegir una plataforma de blog, formas de hacer dinero de su blog, etc. Cada tema diferente podría tener un blog separado y, en realidad, usted podría publicar todos estos blogs al mismo tiempo y terminar con la escritura. Por otro lado, si su nicho requiere o se beneficia de actualizaciones frecuentes, querrá escribir blogs adicionales a medida que haya nueva información disponible. Por ejemplo, con el sitio blog de Minnesota Twins que describí, los Twins juegan 162 juegos en una temporada regular y es razonable pensar que cualquier blog concerniente al equipo requerirá por lo menos bitácoras semanales. Este sitio en particular ha tenido tanto

Ideas de ingresos pasivos

éxito que ahora cuenta con nuevos blogs todos los días. Es importante señalar que estos blogs no están escritos por el fundador del sitio del blog. Ahora tiene un grupo estable de escritores que contribuyen con blogs al sitio de manera regular.

¿Y si no es escritor? ¿Todavía puede tener un blog? Sí, sí puede. Puede contratar a un freelance para que escriba sus blogs. Hay una serie de sitios independientes que puede utilizar para contratar a un escritor, incluyendo Upwork y Fiverr. Si quiere transmitir información específica en sus blogs, entonces obviamente tendrá que transmitir esta información al escritor freelance. Pero conozco a otras personas que simplemente le dan un tema al trabajador independiente y luego él investigará el tema y escribirá el artículo. Al contratar a un trabajador autónomo, debe tratar de encontrar a alguien que se adapte a su estilo y con quien pueda trabajar de forma continua. Es posible que tenga que recurrir a uno o dos profesionales independientes antes de encontrar uno que se adapte a sus necesidades. Dependiendo de la longitud de sus blogs, usted debe ser capaz de encontrar un trabajador independiente que puede escribir un blog para usted en alrededor de $ 25 a $ 40 por blog. Si se requiere investigación por parte del trabajador independiente, puede esperar pagar más.

Seleccione su plataforma. Hay muchas plataformas diferentes disponibles para que publique su blog. Algunos de ellos son gratuitos; otros cobran una cuota mensual nominal por alojar sus blogs. En esta sección, detallaré algunas de las opciones disponibles para usted y luego podrá investigar más a fondo estas opciones a medida que decida qué plataforma utilizar.

1) **WordPress** es la plataforma de blogs más popular. Es especialmente popular entre los bloggers principiantes, ya que es gratuito, no requiere mucha experiencia técnica, como la codificación o el diseño, y tiene muchos temas

diferentes entre los que elegir. Por favor, tenga en cuenta que WordPress podría no tener la funcionalidad que está buscando a menos que pague por sus actualizaciones. Sin embargo, como principiante, puede decidir a qué "campanas y silbatos" quiere actualizarse más tarde para que su sitio se vea más profesional, para tener acceso a más temas, diseños, plug-ins, etc. Por ejemplo, WordPress.org cobra alrededor de $3 al mes por albergar y ofrece más de 1500 temas gratis y 20,000 opciones de plug-in gratis. Una vez más, si usted es un principiante, le sugiero que empiece con el paquete gratuito y vea si se ajusta a sus necesidades. Si no es así, podrá actualizar en cualquier momento.

2) **Blogger** es una plataforma propiedad de Google. También es gratuito y ofrece acceso gratuito a herramientas de Google como AdSense y Analytics. Es una plataforma fácil de usar y es una gran plataforma para bloggers principiantes.

3) **Tumblr** es otra plataforma gratuita que es un sitio de medios sociales. Es ideal para los microbloggers, personas que quieren publicar muchas notas cortas con frecuencia.

4) **Typepad** y **WIX** son plataformas comerciales de pago mensual que cobran tarifas mensuales nominales de menos de $10 por mes. Estas plataformas están orientadas a los blogs de negocios. Son fáciles de usar. WIX tiene funciones de comercio electrónico que lo hacen atractivo para las pequeñas empresas. A diferencia de WordPress, Blogger y Tumblr, tanto Typepad como Wix te permiten tener su propio nombre de dominio. Por ejemplo, su nombre de dominio siempre tendrá wordpress (Wordpress)

o blogspot (Blogger) en el título. Esto puede no importarle, pero si usted tiene un negocio, eso puede ser una consideración importante y usted puede querer en su lugar utilizar un servidor de terceros como BlueHost o HostGator para alojar su sitio. Ambos servidores de terceros ofrecen precios muy razonables por alojamiento a menos de $3 al mes.

Promociona tu blog. El sentido común nos dice que nadie va a leer su blog a menos que sepa que existe. Algunos blogueros son reacios a "tocar su propia bocina" y decir a otros que tienen un blog. No sea tímido con esto. Cuando publique su primer blog, utilice el correo electrónico y los medios sociales para informar a la gente que conoce sobre su nuevo blog y para decirles cómo pueden acceder a él. Si no lo hace, es posible que descubra que tu madre es la única persona que lo lee.

Utilice su blog para ampliar otras actividades relacionadas con los ingresos pasivos. Si es inteligente, vinculará sus blogs a sus otras actividades de ingresos pasivos. Esto no sólo le ayudará a producir ingresos adicionales, sino que también le ayudará a crear un seguimiento leal. Muchas personas utilizan sus blogs para promocionar sus boletines. Instruirán a los lectores para que se suscriban a los boletines informativos mensuales o trimestrales. En la misma línea, los blogueros dirigirán a sus lectores a los podcasts o a los vídeos que han producido. Conozco un buen número de bloggers que han acumulado los blogs que han escrito a lo largo de los años y los han compilado en eBooks. Todo está interrelacionado. Usted debe planear tener múltiples lugares para promover sus actividades de ingresos pasivos.

Ideas de ingresos pasivos

Siete maneras de obtener ingresos de los blogs

Hay múltiples maneras de ganar dinero con los blogs. No, no es un proceso de la noche a la mañana y se requiere un trabajo inicial. Sin embargo, una vez que usted está en marcha, podría ser capaz de complementar sus ingresos sustancialmente a través de los blogs. He seleccionado siete de mis formas favoritas para que haga blogs de dinero. Aquí están:

1) **Publicidad de coste por clic (CPC).** Con este concepto, los anunciantes pagarán cada vez que un visitante de su sitio haga clic en uno de los anuncios de su sitio. Es una especie de "tasa de búsqueda". La publicidad CPC puede incluir anuncios a todo color que aparecen en su sitio; también puede incluir publicidad de texto simple en su blog. Por ejemplo, si tienes un blog de béisbol en el que el tema es "Diferentes maneras de conseguir entradas para el gran partido" y una de las opciones es comprar entradas a través de un corredor de entradas autorizado, podrás mencionar el nombre de ese corredor de entradas en su texto y, siempre que el corredor de entradas sea un anunciante participante, podrá ganar una pequeña suma cada vez que alguien haga clic en ese anuncio y el anuncio lo lleve al sitio del anunciante. Debo mencionar de antemano que no se vas a hacer rico con la publicidad de CPC hasta que el número de personas que visitan su sitio llegue a números respetables. Las compañías que ofrecen publicidad en Internet CPC fácil de implementar incluyen AdSense de Google, infolinks, media.net y Chitika. Si usted tiene más interés en la publicidad de CPC, le sugiero que visite algunos de estos sitios mencionados anteriormente para aprender más acerca de los programas de publicidad que están disponibles para usted como blogger.

Ideas de ingresos pasivos

2) **Venda su propia publicidad en su blog.** Si quiere, puede encargarse de ir a la "vieja escuela" y vender anuncios en su sitio. Usted puede organizarse para los anunciantes en su sitio o puede hacer que un vendedor de terceros haga eso por usted. Para darle un ejemplo de un enfoque de publicidad de vender su propia bicicleta, si usted tiene un blog con respecto a un sendero específico para bicicletas, sin duda podría acercarse a un lugar de alquiler de bicicletas a lo largo de ese sendero o a un restaurante en una de las paradas a lo largo del sendero y ver si quieren anunciarse en su blog. No hay nada de malo en vender anuncios en su blog a la antigua y podrá quedarse con el 100% de los ingresos por publicidad. Si no quiere molestarse en vender anuncios en su sitio, puede registrarse con un vendedor de terceros y ellos pueden hacerlo por usted. Compañías como BuySellAds o BlogAds son vendedores de publicidad de terceros que venderán anuncios para su blog. Ellos le darán entre el 70 y el 75% de las ventas de anuncios y luego se quedarán con las cantidades restantes a cambio de sus esfuerzos. Tenga en cuenta que los vendedores de terceros no están interesados en los blogs de bajo tráfico, por lo que tendrá que conseguir que su tráfico a niveles decente antes de que usted puede incluso considerar el uso de un vendedor de terceros.

3) **Venda enlaces de texto en su blog.** He mencionado la publicidad de enlaces de texto en la sección anterior sobre publicidad CPC. Hay una compañía llamada LinkWorth que se especializa en este tipo de publicidad de texto. Con LinkWorth, usted podrá vincular un trozo de texto en su blog a una página en otro sitio. Cada vez que uno de los lectores de tu blog haga clic en este enlace, recibirá una comisión de Linkworth. Este es otro programa que requiere una cantidad decente de tráfico a tu blog antes de que puedas empezar a trabajar con

Ideas de ingresos pasivos

LinkWorth, así que, si es un nuevo blogger y su tráfico en el blog sigue siendo mínimo, tendrá que aumentar su tráfico antes de que puedas empezar a hacer estos enlaces de texto de coste por clic.

4) **Cursos y talleres en línea.** En el capítulo anterior, le dije cómo puede ganar dinero autopublicando cursos y talleres en línea. Cualquier blog que haga debe enlazarse con cualquier curso o taller en línea relacionado que haya producido. Una vez más, todas estas cosas están interrelacionadas y usted nunca debe perder la oportunidad de anunciar un medio en otro medio.

5) **Libros y eBooks.** Así como usted querrá usar su blog para promover sus cursos y talleres en línea, usted querrá usarlo para promover cualquier libro impreso, libros digitales o audiolibros que usted haya producido.

6) **Hablando de eventos.** Una vez que el tráfico de su blog ha alcanzado un nivel de reputación, usted podrá anunciarse como un experto en cualquier tema que su blog cubre. Esto puede traer oportunidades para hablar en las que usted puede mejorar sus ingresos pasivos. Tuve un reciente compromiso que resultó de mis blogs sobre la historia de la pequeña ciudad en la que nací. Mi público era la sociedad histórica de la ciudad y, aunque no me pagaron por hablar en el evento, pude vender 71 de mis libros impresos después de mi presentación. La presentación valió la pena mi tiempo financieramente, ya que hice más de $10 por libro impreso por una presentación de 90 minutos que disfruté inmensamente. Por lo tanto, si aún no es alguien que pueda cobrar entre 10.000 y 100.000 dólares por discurso, no te preocupes. Usted todavía puede lograr beneficios a una escala más baja utilizando su blog para promover sus productos y servicios.

Ideas de ingresos pasivos

7) **Marketing de afiliación.** El marketing de afiliación implica recomendar o referir los productos y servicios de otras compañías y sus productos y servicios a cambio de una comisión. ¿Estás recomendando otros productos o servicios en tu blog? ¿O podrías recomendar otros productos o servicios en tu blog? Si lo haces o si puedes, entonces te sugiero que consideres el marketing de afiliación para ganar algún ingreso pasivo. Una vez más, el dinero que puede ganar estará directamente relacionado con el número de personas que leen sus blogs, sin embargo, cuando el tráfico de su blog alcanza un nivel respetable, entonces es hora de que usted comience a explorar las oportunidades de marketing de afiliación. Hay una tonelada de programas de afiliados disponibles para usted. He enumerado algunos de los programas más populares para que los use como punto de partida cuando su blog esté a un nivel en el que pueda empezar a cosechar los beneficios del marketing de afiliación. (He proporcionado información adicional sobre marketing de afiliación en el capítulo que sigue.)

-- Amazon Associates

--Red de socios de eBay

--BlueHost

--HostGator

--HostPapa

--DreamHost

--AliExpress

Como he detallado en este capítulo, podrás obtener ingresos pasivos de su blog. Obviamente, antes de que pueda hacer eso, tendrá que poner en marcha tu blog y conseguir los niveles de tráfico para ese blog hasta un punto en el que pueda ganar algo de dinero extra. Pero una vez que lo haya hecho, puede empezar a cosechar los beneficios de ello.

Capítulo 4-Haga ingresos pasivos en Internet hoy

La mayoría de nosotros hemos escuchado el término "ganar dinero mientras duermes". El marketing del afiliado es la actividad de ingresos pasivos que se asocia más a menudo con el concepto de hacer dinero mientras usted está durmiendo. En este capítulo, voy a esbozar cómo se puede ganar dinero con el marketing de afiliación y con el dropshipping, otra actividad de ingresos pasivos que a menudo está relacionada con el marketing de afiliación. Le diré por qué necesita considerar estas actividades para sus fuentes de ingresos pasivos y le diré cómo empezar.

Todo lo que necesitas saber sobre la comercialización del afiliado

El marketing de afiliación es cuando usted recomienda o refiere los productos o servicios de otras compañías a cambio de una comisión. Con el marketing de afiliación, usted es el afiliado. Usted busca productos que disfruta o le gustaría promocionar y luego promocionar ese producto a través de sus diversos medios, incluyendo sitios web, medios sociales, blogs escritos o blogs de video, y correos electrónicos. Luego gana una parte de las ganancias cuando se realiza una venta para ese producto o servicio. Las ventas se rastrean a través de enlaces de afiliados de un sitio web a otro.

Le daré un ejemplo rápido. Una mujer tiene una serie de blogs o podcasts dirigidos a los nuevos padres. Como madre primeriza, ha utilizado un cochecito de bebé que le gusta mucho y que recomendaría a cualquiera. Con esto en mente, escribe uno de sus blogs o hace uno de sus vlogs (video blogs) con esta marca de cochecitos como tema principal. Ella recomienda la silla de paseo sobre la base de su experiencia en su uso y en su blog o vlog que proporciona un enlace a la página web del fabricante, donde los clientes pueden visitar y posteriormente comprar la silla de paseo. Por cada cochecito vendido como resultado del blog de la mujer o vlog, la mujer recibirá una comisión por su parte en la recomendación de la silla de paseo y luego decirle al cliente dónde puede comprarla.

Mientras se escribe este libro, las estadísticas actuales muestran que el 81% de todas las marcas y el 84% de todas las empresas están utilizando el marketing de afiliación como medio para vender sus productos o servicios. Esos porcentajes continuarán aumentando a medida que las compañías continúen incrementando sus gastos de marketing de afiliación. En 2018, el 16% de todas las ventas por Internet fueron el resultado del marketing de afiliación. Es un número impresionante. Los datos ahora muestran que las empresas que venden productos y servicios a través del marketing de afiliación gastarán el 62% de lo que gastarían a través de los esfuerzos de marketing tradicionales, por lo que a medida que estas empresas se den cuenta de que pueden gastar menos y tener más éxito en la venta a través del marketing de afiliación, comenzarán a concentrar más esfuerzos de ventas en esa actividad y el marketing de afiliación continuará creciendo en los próximos años.

Desde el punto de vista del consumidor, los consumidores pueden o no ser conscientes de que usted ganará una comisión como resultado de recomendar un producto o servicio. De cualquier manera, a la mayoría de ellos no les importará, ya que casi siempre terminarán pagando el mismo precio por el producto. Su comisión será incorporada en el precio de venta al público del producto y el consumidor no pagará adicionalmente para cubrir sus comisiones.

Como afiliado, se le puede pagar por tres acciones diferentes que dirigen al consumidor hacia el vendedor. La acción más popular será el pago por ventas. Con esta acción, usted dirige al consumidor hacia el vendedor y el consumidor compra el producto. También se le puede pagar con una acción de Pague por Adelanto. Una vez más, usted dirige al consumidor a un sitio del vendedor y el consumidor entonces hace cualquiera de las acciones requeridas, posiblemente completando un formulario de contacto, suscribiéndose a una prueba de producto, suscribiéndose a un boletín de noticias, descargando software, etc. En estos casos, el vendedor valorará estas acciones lo suficiente como para pagarle una comisión. Otra forma de marketing de afiliación implica que el afiliado recibe un pago por clic. Por lo general, el Pago Por Clic implica que el consumidor haga clic en un enlace de su sitio para ir al sitio del vendedor. El vendedor valora esto lo suficiente como para asignar una comisión al afiliado.

¿Por qué ser un vendedor del afiliado? Con el marketing de afiliación, usted realmente puede ganar dinero mientras duerme. Una vez que haya invertido una cantidad inicial de tiempo en la promoción de un producto, puede seguir ganando dinero por sus esfuerzos mucho después de haber recomendado el producto o servicio del vendedor. Una vez que haya dirigido al consumidor hacia el vendedor, puede salir de la transacción y no tener que dedicar tiempo a apoyar al cliente después de la venta. El marketing de afiliación es atractivo para muchas personas porque les permite obtener ingresos pasivos desde casa sin mucha inversión inicial y sin tener que crear el producto o servicio que va a ayudar a vender. No hay que preocuparse por las cuotas de afiliación y puede empezar rápidamente sin mucho tiempo o esfuerzo.

Cinco pasos para convertirse en un vendedor del afiliado

¿Cómo puede comenzar su camino para convertirse en un vendedor afiliado? Aquí están algunos pasos simples que usted puede tomar para convertirse en un vendedor afiliado. Para el momento en que usted complete estos pasos, usted debe estar bien ubicado en el camino para convertirse en un exitoso vendedor afiliado y ganar ingresos pasivos mientras duerme.

Ideas de ingresos pasivos

1) **Encontrar o determinar un nicho.** Si va a entrar en el marketing de afiliación, va a tener que determinar un nicho para ese marketing. En la determinación de un nicho o nichos para su marketing de afiliación, le sugiero que encuentre nichos o áreas que le apasionan o que le interesan mucho.

Me usaré a mí mismo y a mi esposa como ejemplos. Al hacer un inventario personal, tengo una serie de pasiones, muchas de las cuales son mis pasatiempos. Me encanta el béisbol, especialmente la Major League Baseball. También me encanta ser entrenador de béisbol juvenil, al igual que leer y escribir. Me considero un experto en escritura, escritura fantasma, autoedición y edición. Por último, me encanta andar en bicicleta y me encantan los perros. A mi esposa, por otro lado, le encanta hablar sobre temas de paternidad. Es partera de oficio y tiene muchos conocimientos sobre partería. Ella es una fashionista y es extremadamente conocedora y apasionada de los bolsos, como lo atestiguan nuestros estados de cuenta de tarjetas de crédito.

Al examinar sus interese debe tratar de determinar si hay suficiente conocimiento para que usted se presente como un experto en el tema. ¿Hay suficiente conocimiento en el tema como para escribir 25, 50 o 100 blogs sobre él? Para mis propósitos, podría escribir un blog sobre béisbol todos los días. Por otro lado, aunque me gusta andar en bicicleta, me resultaría difícil escribir de 25 a 50 blogs sobre el ciclismo.

Si usted tiene suficiente información en el nicho que está considerando, la siguiente cosa a considerar es si usted puede hacer dinero en la recomendación de productos o servicios en ese nicho. Con los intereses de mi esposa y los míos, se me ocurren un par de cosas. En cuanto a mi amor por los perros, soy muy consciente de que los productos y suministros para mascotas son una industria enorme. Incluso una industria más pequeña como el ciclismo tiene una gran cantidad de diferentes productos disponibles, incluyendo bicicletas, cascos, guantes, bolsas para bicicletas, botellas de agua y portabotellas, kits de reparación de neumáticos para bicicletas, etc. Obviamente, hay un mercado para bolsos de mujer, gracias a mi esposa. Por otro lado, tengo la sensación de que no se puede ganar tanto dinero en el entrenamiento juvenil, ya que no hay muchos productos necesarios para entrenar a un equipo de béisbol juvenil. Sí, es posible que se requieran uniformes, bates y pelotas, pero la mayoría de los entrenadores ya tienen fuentes para esos productos. Sí, puede haber algunos talleres de entrenamiento en línea que pueden estar disponibles para la venta o algunos libros en la misma línea, pero la cantidad de productos en este nicho parece ser algo limitada en comparación con los productos disponibles en el nicho del perro o incluso en el nicho más pequeño del ciclismo. Por lo tanto, al hacer un inventario de las cosas que te apasionan, debes determinar si hay dinero para hacer dentro de esos nichos. Si no hay ninguno o tantos productos para vender dentro de ese nicho, entonces no es un buen nicho de marketing de afiliación. Sin productos no hay ventas.

2) **¿Hay programas de marketing de afiliación disponibles dentro de su nicho?** Una vez que se haya decidido por un nicho en el que esté interesado, es hora de que averigüe qué hay en términos de productos y servicios que puede promocionar con sus sitios web, blogs, vlogs y correos electrónicos. Por ejemplo, si decido que quiero entrar en un programa de marketing de afiliación con respecto al adiestramiento de cachorros, me gustaría saber qué productos hay por ahí que estén relacionados con el adiestramiento de

Ideas de ingresos pasivos

cachorros o el adiestramiento de perros. A una escala un poco más amplia, ¿qué productos existen que estén relacionados con los cachorros en general?

Tendrá que pasar algún tiempo investigando esto. Pero debido a que los productos y servicios que usted encuentre serán la fuente de sus ingresos para este esfuerzo de marketing de afiliación, el tiempo que usted pase en él valdrá la pena. Cuando encuentre estos productos o servicios, debe asegurarse de que sean de buena calidad. Si usted está comercializando artículos de mala calidad, seguramente dañará su reputación o credibilidad. Muchos vendedores del afiliado probarán productos o servicios antes de recomendarlos. Además, debe asegurarse de que los productos que recomienda a los consumidores son productos con los que desea asociarse. Podría ser conveniente que lea los comentarios de productos publicados de cualquier producto o servicio que esté considerando para sus esfuerzos de marketing de afiliación.

Mientras encuentra programas de marketing de afiliación dentro de su nicho, usted debe ver si hay vendedores similares a usted dentro del nicho. Si es así, eso es probablemente una buena noticia, ya que otros afiliados probablemente no recomendarían a esos vendedores si no estuvieran ganando dinero con ello.

3) **Es hora de hacer un sitio.** Ahora que ha hecho su investigación, es hora de que cree un espacio en el que pueda difundir información a los consumidores. Es hora de hacer un sitio web. Aunque hay diferentes anfitriones web, muchos principiantes usan WordPress porque es fácil de usar y es gratis (aunque hay actualizaciones disponibles). Construir un sitio web es mucho, mucho más fácil que nunca y no necesitará ser

un programador o un diseñador. No se requieren conocimientos técnicos.

Al construir un sitio web, primero tiene que comprar un dominio, que será la dirección de su sitio web. GoDaddy y NameCheap son fuentes muy populares de las que puedes comprar un nombre de dominio. La última vez que miré, se podía comprar nombres de dominio de estas dos compañías a menos de $15 por año. Al seleccionar su nombre de dominio, debe saber que es posible que el nombre de dominio que desea ya exista y que tenga que pensar en otras opciones.

Después de tener un nombre de dominio, tendrá que encontrar un anfitrión para su sitio web. Una vez más, GoDaddy es una opción popular, al igual que BlueHost y HostGator, compañías que mencioné anteriormente. Las tres compañías tienen planes que comienzan con menos de $3 al mes. Si usted compra su nombre de dominio y su alojamiento web de diferentes empresas, tendrá que vincular los dos juntos. Sin embargo, este es un proceso muy fácil que se describe en los sitios mencionados anteriormente.

Ahora que ha comprado un nombre de dominio y ha seleccionado un host para su sitio web, es el momento de instalar su sistema de gestión de contenidos. (por ejemplo, WordPress o cualquier sistema de gestión de contenidos que haya elegido.) En el proceso de hacer esto, tendrá la oportunidad de seleccionar un tema para usar en su sitio web. Mientras que la mayoría de los sistemas de gestión de contenidos ofrecen una gran selección de temas para elegir, usted debe seleccionar un tema que funcione bien con cualquier nicho que haya elegido.

Ideas de ingresos pasivos

4) **Cree contenido para su sitio web.** Ahora que tiene su nombre de dominio, su anfitrión web y su tema, puede empezar a crear contenido para su sitio web. Cualquiera que sea el contenido que usted cree, ciertamente debe estar relacionado con el nicho que usted ha elegido. Su contenido debe ser lo suficientemente interesante, atractivo o informativo para que los visitantes de su sitio web sigan volviendo. Aquí están algunas ideas básicas sobre las formas populares de transmitir el contenido en los sitios de marketing de afiliación:

Reseñas. Muchos afiliados proporcionarán reseñas de los productos o servicios que están tratando de vender. Si es posible, usted habrá usado los productos que está recomendando. Esto le ayudará inmensamente a revisar el producto. Si usted no ha usado el producto, muchos consumidores pueden sentir que no lo ha hecho.

Blogs. Los afiliados a menudo utilizan los blogs para promocionar los artículos que intentan vender. Aunque el blog no tiene que ser necesariamente todo sobre el artículo que está tratando de vender, al menos debe mencionar ese producto o servicio dentro del artículo en el lugar apropiado. Muchos blogs abordan problemas, preguntas y luego, con suerte, ofrecen soluciones o recomendaciones sobre cómo se pueden resolver esos problemas. En el trabajo de su marketing de afiliación, obviamente querrá recomendar sus productos de afiliados como posibles soluciones a los problemas.

Enlaces de contenido dentro del texto. Estoy seguro de que ha visitado sitios web y leídos artículos que tienen enlaces dentro del texto de esos artículos. Si hace clic en esos enlaces, le llevarán a otros sitios web donde podrá ver contenido adicional o comprar productos o servicios. Estos se denominan enlaces contextuales de texto y proporcionan un medio muy eficaz de marketing de afiliación. Al usar enlaces de texto, usted podrá ganar dinero si la gente de su sitio va inmediatamente a estos otros sitios y compra productos.

Productos informativos. Muchos sitios web ofrecerán productos informativos gratuitos para crear sus listas de correo. Si usted puede construir una lista de correo sustancial, usted será mucho más exitoso en su marketing de afiliación. Los afiliados también ofrecerán boletines o libros electrónicos gratuitos a los consumidores que registren sus nombres y direcciones de correo electrónico.

Banners publicitarios. Muchos afiliados utilizan anuncios de banner en sus sitios web para dirigir a la gente a sus sitios afiliados. Estos anuncios de banner pueden ser muy efectivos, aunque no querrá desordenar su sitio con tantos anuncios que su contenido se pierda. También puede perder su credibilidad como experto.

5) **Comercialice su sitio, construya su audiencia.** Ahora que tiene su sitio web en funcionamiento, es importante que la gente sepa que existe. Hay varias maneras de construir la audiencia para su sitio web. Al hacer esto, es importante que usted continúe agregando contenido valioso a su sitio, contenido que hará que la gente vuelva a su sitio. Si alguien va a visitar su sitio una vez y luego no volver a visitarlo nunca más, es muy poco probable que tenga éxito en sus esfuerzos de marketing de afiliación. Aquí hay maneras en que usted puede tener seguidores:

Medios de comunicación social. Probablemente ya esté participando en varios medios de comunicación social. Es importante que utilice esos lugares para promocionar su nuevo sitio web. Los medios sociales como Facebook, Instagram, Twitter y Pinterest ofrecen oportunidades para que se enteren de su nuevo sitio.

Experiencia. Si es un experto en algo (es decir, en entrenamiento de cachorros), deberías estar disponible para publicar artículos de invitados en otros blogs relacionados de alto tráfico. Ofrézcase a escribir blogs para ser publicados en estos otros sitios a cambio de que mencionen o proporcionen un enlace a su dirección web. Si publicas un mensaje en el sitio web de otra persona, podrás hacer correr la voz sobre el sitio web de usted.

Optimización para motores de búsqueda (SEO). SEO también será importante para dirigir a la gente a su sitio web. Si usted no está muy familiarizado con el SEO, le sugiero que se tome un tiempo para leer algunos artículos sobre SEO y lo que puede hacer para optimizar su sitio web en las búsquedas de Internet. Si usted no tiene el tiempo para hacer esto, puede considerar contratar a un experto en marketing SEO para que lo haga por usted.

Publicidad pagada. Otra opción que puede utilizar para llevar a la gente a su sitio web es la publicidad de pago. Los sitios de medios sociales generalmente ofrecen anuncios asequibles. O puede comprar anuncios de banner en pequeños sitios de nicho que están relacionados con su nicho. GoogleAdWords también puede ser una buena opción para usted, dependiendo de su nicho.

Ideas de ingresos pasivos

Gana dinero con el envío de dinero

El dropshipping es otra forma de obtener ingresos pasivos. Para aquellos que no están exactamente seguros de lo que es el dropshipping, permítanme proporcionarles una descripción que puede ayudarles Dropshipping es un método de cumplimiento minorista en el que podrá vender los productos minoristas de su elección en una tienda en línea que cree. El beneficio de dropshipping para usted es que no tendrá que abrir una tienda física con sus grandes gastos generales y mensuales de alquiler y seguro. Usted no tendrá que contratar y pagar a los empleados o hacer impuestos sobre la nómina. No tendrá que llevar ni almacenar ninguna mercancía. Todo esto será manejado por un tercero, un proveedor que almacenará y almacenará los artículos que usted está vendiendo y que enviará los artículos que usted vende directamente al consumidor.

Usted será responsable de asegurar las ventas de los artículos que está vendiendo. También podrá fijar precios en estos artículos, pero esos precios tendrán que ser comparables a lo que el mercado dicte u ofrezca la competencia o las compañías que venden la misma mercancía. Debe señalarse que, con los programas de envío por correo, es probable que los productos que usted está vendiendo también sean vendidos por otras compañías, por lo que sus precios probablemente tendrán que seguir siendo competitivos y es posible que descubra que sus márgenes de ganancia serán reducidos, dependiendo del artículo.

Permítame explicarle cómo funciona este proceso entre bastidores. Digamos que tengo una tienda en línea que vende camisetas de béisbol de ligas menores personalizadas. Todas estas camisetas contienen los logotipos y diseños de los diferentes equipos de béisbol de las ligas menores. Un cliente compra una camiseta en mi sitio web por $40 y me paga en línea por esa camiseta. Luego envío el pedido a mi proveedor o mayorista, quien me vende la camiseta por $28. El proveedor envía el pedido al cliente usando una etiqueta de envío con mi nombre. Esta "etiqueta ciega" se utiliza para que el cliente reconozca al remitente del artículo. También se utiliza para que el cliente no pueda eludirme e ir directamente al proveedor o mayorista. Cuando el proveedor o mayorista envía la camiseta al cliente, me cobrarán los $32 dólares del costo de la camiseta más el envío. Por lo tanto, mi papel en toda la venta es simple: Aseguré la venta y la envié al proveedor, y envié un acuse de recibo al cliente. El proveedor hizo, almacenó y envió la camiseta. También cobré $8 por la venta. En definitiva, como vendedor afiliado, soy un intermediario. Como puede ver, el dropshipping es un modelo de negocio sencillo que requiere una inversión mínima de tiempo y dinero por su parte. Si encuentra el nicho y el proveedor adecuados, el dropshipping puede ser una empresa rentable.

Cinco pasos esenciales en la creación de una empresa de dropshipping

Aquí hay cinco pasos esenciales para lograr el éxito del dropshipping.

1) **Encuentra un nicho.** Hemos discutido lo importante que es encontrar un nicho en las secciones anteriores sobre blogs y marketing de afiliación. Los mismos principios se aplican aquí. Si se va a involucrar en el dropshipping, estará involucrado en un lugar en el que es probable que tenga muchos competidores. Con esto en mente, cuanto más pueda refinar su nicho, más éxito tendrá. Por ejemplo, si desea afinar su nicho, puede ir desde productos para mascotas hasta productos para perros, pasando por productos para cachorros o productos de entrenamiento para perros, etc. Cuanto más ajuste su nicho, menos competidores y mayores serán sus márgenes de beneficio.

2) **Investigue a su competencia.** Hablando de competencia, será importante que usted investigue a su competencia para averiguar cuánto están cobrando por los mismos o similares artículos que usted pretende vender en su sitio. Esto le dará una idea de los márgenes de ganancia que estarán involucrados con los artículos que tiene la intención de vender. Si descubre que tendrá que vender con márgenes bajos en la mayoría de los artículos que tiene intención de vender, es posible que desee reconsiderar el nicho que ha elegido.

3) **Seleccione una plataforma.** Con su negocio de envío por correo, tendrá muchas plataformas para elegir. Esbozaré tres de las plataformas más populares aquí para darle una buena idea de lo que está disponible para usted.

> **Doba** tiene una gran selección de productos y proveedores para que usted los utilice en sus actividades de dropshipping. Tienen más de 2 millones de productos para elegir. Estos productos provienen de casi 200 proveedores. Al trabajar con Doba, usted no tendrá que asociarse con varios dropshippers. Doba cobra $29 al mes por su programa básico y 99 centavos por pedido. Tienen seminarios web de capacitación en vivo para principiantes y le enviarán actualizaciones por correo electrónico sobre descuentos para proveedores, nuevos productos y productos de temporada, y nuevos proveedores a medida que estén disponibles para usted.
>
> **Oberlo** es una plataforma que se integra perfectamente con Shopify. Permite la importación de productos AliExpress con un solo clic. Por favor, tenga en cuenta que Oberlo sólo funciona con tiendas Shopify y sólo admite AliExpress por el momento. Ellos ofrecen una

cuenta gratuita, pero con la cuenta gratuita, usted estará limitado a 500 productos y 50 pedidos por mes. Cuando sus pedidos superen los 50 pedidos al mes, su cuota mensual será de $29.90.

Dropship Direct tiene más de 100,000 artículos de más de 900 marcas para que usted elija. Es gratis de usar, pero a medida que su negocio crece, usted notará que tienen un sistema de administración back-end que está disponible por $37/mes o gratis para aquellos que están haciendo más de $1000 al mes en ventas.

Otras plataformas de dropship que podrían merecer una mirada incluyen **Wholesale2B, Megagoods, SaleHoo, Sunrise Wholesale, Wholesale Central, y National Dropshipper.**

4) **Construya su sitio de comercio electrónico.** Una vez que haya determinado la plataforma que va a utilizar para sus actividades de envío por correo, tendrá que desarrollar un sitio web o una tienda en la que vender los productos que ha elegido. La mayoría de los novatos que envían por correo usan Shopify para su tienda de comercio electrónico. Shopify tiene un constructor de sitios web que le permitirá poner en marcha su negocio de envío por correo rápidamente. No necesitarás conocimientos técnicos para lanzar un sitio web en Shopify. Y con un sitio de Shopify, usted tendrá control total sobre la navegación, las páginas de contenido y el diseño de su sitio. Además, Shopify tiene un sistema de procesamiento de pagos incorporado que le permitirá aceptar pagos de clientes que están comprando artículos en su sitio. Y Shopify tiene múltiples aplicaciones que le ayudarán a desarrollar un exitoso negocio de envío por correo. Además, Shopify tiene una serie de planes de precios para que usted elija. Esos planes

comienzan en $29/mes y Shopify tomará el 2.9% de las ventas y 30 centavos por transacción además de la cuota mensual.

5) **Lleve a la gente a su sitio.** Una vez que usted tiene su sitio de ecommerce funcionando, su trabajo no está terminado. Va a tener que seguir trabajando para que la gente visite su sitio. Lo harás en los medios sociales, en tus blogs y vlogs, y con los correos electrónicos. He descrito la mayoría de estas actividades de marketing en el capítulo sobre marketing de afiliación, así que no las repetiré aquí. Pero hago hincapié en la importancia de hacer que la gente conozca su sitio, no sólo una vez, sino de forma continua. Si usted tiene buenos productos para vender a precios razonables, la clave para el crecimiento de su negocio girará en torno a su capacidad de conseguir que la gente visite ese sitio.

Ideas de ingresos pasivos

Capítulo 5: Hágase más rico mientras duerme

En este capítulo, voy a mostrarle algunas fuentes de ingresos pasivos adicionales para ayudarle a ganar aún más dinero mientras duerme. Tal vez hasta pueda llegar a un punto en el que gane tanto dinero mientras duerme que querrá dormir todo el tiempo. Sólo bromeaba. (broma)

Amazonas FBA

Amazon FBA significa Fulfillment By Amazon. Amazon FBA se ha convertido en una de las formas más populares de obtener ingresos en línea. Hay casi 2 millones de personas vendiendo en Amazon en todo el mundo. Alrededor de la mitad de las ventas en Amazon provienen de la venta a terceros; de los 10.000 principales vendedores de Amazon, cerca de dos tercios de esos vendedores utilizan FBA.

Así es como funciona. Usted envía sus productos a Amazon y ellos lo almacenan por usted. Cuando un cliente hace un pedido de uno de sus productos, Amazon selecciona, empaqueta, envía y rastrea ese producto por usted. También se encargan de todas las devoluciones y reembolsos. Amazon entonces le paga cada dos semanas por cualquier mercancía que usted haya vendido. A cambio de sus esfuerzos, Amazon cobra tarifas de almacenamiento y cumplimiento.

Hay una serie de ventajas importantes al usar Amazon FBA para vender sus artículos. Lo más importante es que les ofrecen acceso inmediato a millones de clientes potenciales. Más de 300 millones de personas han comprado a Amazon; tienen más de 90 millones de miembros de Amazon Prime. En resumen, ninguna otra compañía puede siquiera acercarse a ofrecerle acceso a tantos clientes. Y gracias a todos los paquetes que envía y a todos los almacenes que tiene en

Ideas de ingresos pasivos

diferentes partes del país, Amazon es capaz de enviar y entregar artículos de manera menos costosa que cualquier otra empresa. Una de las mayores razones por las que la gente usa Amazon es por el envío gratuito que ofrecen a sus clientes Prime y también a sus clientes que no son de Prime que hacen pedidos que alcanzan una cantidad mínima de dólares. Además, Amazon es conocida por su rapidez de envío, su excelente servicio al cliente y su generosa política de devoluciones. Todo esto ha permitido a Amazon construir su reputación como minorista, y el volumen que genera Amazon muestra la confianza que los consumidores tienen en la empresa.

Si va a utilizar Amazon FBA, debe tener en cuenta las diversas tarifas asociadas con él. Si acaba de empezar, Amazon tiene un plan individual para aquellas personas que venden menos de 40 artículos al mes. No hay cuota de suscripción para este plan. Si usted está vendiendo más de 40 artículos al mes en Amazon, el siguiente paso es su plan de venta profesional, el cual tiene un cargo de suscripción mensual de $39.99. Los vendedores individuales de planes en Amazon pagan un cargo de 0.99 por artículo vendido y cargos variables de cierre de 0.45 a 1.35 dólares por artículo. Los vendedores profesionales pagan comisiones de cierre variables y comisiones de referencia que oscilan entre el 6% y el 25%, con un promedio del 13%.

Si va a participar en el programa FBA de Amazon, pagará las tarifas de almacenamiento de Amazon para que almacene sus artículos en su almacén. Hay cargos por almacenamiento a corto y largo plazo. Las cuotas a corto plazo son cuotas mensuales que varían dependiendo de la época del año en que se almacenan los artículos. De enero a septiembre, usted tiene que pagar alrededor de 0.65 por pie cúbico; durante la temporada de fiestas, de octubre a diciembre, usted tiene que pagar $2.40 por pie cúbico. Además de eso, tendrá que pagar tarifas de almacenamiento a largo plazo por cualquiera de sus artículos que Amazon almacena durante más de un año. Amazon toma lo que ellos llaman una limpieza de inventario cada 15 de febrero y 15 de agosto y luego le notificarán de cualquier artículo que haya tenido en su inventario durante más de un año. Pero puede evitar los gastos de almacenamiento a largo plazo si envía una orden de mudanza y saca esos artículos del almacén de Amazon. Por lo tanto, las tarifas de almacenamiento a largo plazo no deben ser una preocupación importante. De cualquier manera, también le corresponderá mantenerse al tanto de su inventario para que pueda minimizar los costos mensuales de almacenamiento y eliminar la posibilidad de cualquier costo a largo plazo.

Al revisar las historias de éxito de Amazon FBA, he notado que las historias de éxito más grandes involucran a vendedores que están vendiendo productos únicos o nichos de productos. Si quieres hacerte rico vendiendo a través de Amazon FBA, querrás tener un producto extremadamente único, posiblemente incluso un artículo o concepto que hayas creado. Por ejemplo, las historias de éxito de Amazon FBA incluyen a un hombre que creó un juego de cartas de juguete y otro hombre que creó un concepto sobre cómo comprar y vender libros usados con fines de lucro. Otro hombre tomó un viejo concepto que había perdido fuerza y lo comercializó a una nueva audiencia. Tomó un aro y una red de baloncesto pop-up que antes se vendían en salas de juegos, ferias y bares, y volvió a comercializarlos para que fueran destinados al uso doméstico. Alguien más trabajó con un fabricante chino para desarrollar una línea de zapatos ultra cómodos, mientras que otro exploró y puso a disposición de los amantes de las mascotas una línea de productos para la salud. Y otra selección de artículos de moda que él podía etiquetar privadamente y ponerlos a su disposición. Como puede ver, la mayoría de estas historias de éxito involucran productos o conceptos únicos. Si usted tiene un artículo como este o si usted puede encontrar uno, usted podría tener un éxito tremendo en Amazon FBA.

Ideas de ingresos pasivos

Todo lo que necesita saber sobre las oportunidades de préstamos entre pares

Los préstamos de persona a persona (P2P) son otra forma de obtener ingresos pasivos, al usar su dinero para ganar más dinero. Para aquellos de ustedes que no están familiarizados con los préstamos entre pares, permítanme que se los describa. Con los préstamos P2P, los individuos prestan su dinero a individuos o pequeñas empresas que buscan pedir dinero prestado. En esencia, el P2P es un préstamo no bancario que elimina al intermediario: los bancos. Los préstamos P2P se han vuelto atractivos para los inversionistas que buscan rentabilidad y que buscan alternativas para reemplazar las inversiones tradicionales de bajo rendimiento, tales como ahorros, bonos, fondos del mercado monetario y certificados de depósito.

Si está diciendo que no tiene dinero para invertir, debo señalar rápidamente que no tendrá que invertir grandes cantidades. Muchas compañías populares de préstamos P2P, incluyendo Prosper y Lending Club, requieren una inversión mínima de sólo $25 en cada préstamo. Los préstamos entre pares generalmente ofrecen una tasa de rendimiento que oscila entre el 5 y el 11%. Los préstamos P2P generalmente se consideran seguros, pero, como con cualquier préstamo, existe cierto riesgo, ya que los préstamos ofrecidos son préstamos sin garantía.

Así es como funcionan los préstamos P2P. Una persona (o negocio) que busca pedir dinero prestado va a un sitio de préstamos P2P y llena una solicitud que incluye la razón por la que quiere pedir dinero prestado y la cantidad que está buscando. Los préstamos P2P oscilan entre $1000 y $35,000. Esta información se pone a disposición de los posibles inversores, que pueden elegir en qué préstamos invierten. El precio y la clasificación de los préstamos se basan en numerosos factores, incluyendo el puntaje crediticio del prestatario potencial, el nivel de ingresos actual, el monto del préstamo solicitado y el plazo deseado del préstamo. Es importante señalar que casi todas las

Ideas de ingresos pasivos

plataformas de préstamos no entretienen a los prestatarios de alto riesgo. De hecho, la mayoría de las plataformas de préstamos requieren un puntaje crediticio mínimo de 600 a 650 y por lo general no otorgan préstamos a personas o empresas que han tenido bancarrotas, sentencias o gravámenes fiscales recientes.

Con los préstamos P2P, la plataforma maneja todas las tareas administrativas involucradas en los préstamos, incluyendo la suscripción, el cierre, la distribución del préstamo y el cobro de los pagos mensuales. A cambio de ello, las plataformas de préstamo cobran una comisión de gestión (generalmente del 1%) por su papel en la administración del préstamo. Esta comisión de gestión se resta de cada pago mensual. Con los préstamos P2P, todo lo que el inversor tiene que hacer es seleccionar los préstamos en los que desea invertir.

Como se mencionó anteriormente, existe cierto riesgo al invertir en préstamos P2P. El principal riesgo es la posibilidad de incumplimiento. Como se trata de préstamos sin garantía, usted podría perder el dinero que ha invertido si el prestatario incumple con el préstamo. Y no hay seguro de la FDIC (Corporación Federal de Seguro de Depósitos) para estos préstamos. Así que, en el peor de los casos, el dinero que invierta en préstamos P2P podría disminuir en lugar de aumentar. Otra cosa para recordar es que estas inversiones tienen una liquidez limitada. Por lo tanto, una vez que haya invertido, probablemente no podrá sacar su dinero hasta que el plazo del préstamo haya expirado.

Al entrar en los detalles de los posibles riesgos de la inversión en préstamos P2P, no lo hago para desanimarle de participar en esta forma de inversión. Sólo quiero que tengan cuidado con las posibles trampas que se asocian con los préstamos P2P. La mayoría de las plataformas de préstamos clasifican el riesgo de cada préstamo y algunas de ellas le permiten invertir en todas sus diferentes categorías de riesgo. Esto permite al inversor diversificar su cartera y compensar los mayores riesgos con menores riesgos.

Ideas de ingresos pasivos

He enumerado algunas de las plataformas de préstamo más populares para los inversores con una breve descripción de cada una:

Prosper es una de las plataformas de préstamo P2P más populares. Permite a los inversionistas invertir un mínimo de $25 en un préstamo. Prosper tiene siete categorías de riesgo diferentes que tienen retornos estimados que van del 5% al 13-1/2%. Permite a los inversores distribuir sus riesgos entre todas las categorías para que puedan diversificar sus carteras y equilibrar sus riesgos globales.

Lending Tree es otro sitio muy popular. Con Lending Tree, usted puede invertir tan poco como $25 en cualquier préstamo, pero aun así tendrá que transferir un mínimo de $1000 a su cuenta. Con esta plataforma, si no desea seleccionar los préstamos manualmente, le permitirán elegir una mezcla de plataforma o una mezcla personalizada.

Peerform tiene 16 categorías de riesgo diferentes. Permiten a los inversores invertir en préstamos enteros o fraccionados. Además, le permitirán repartir sus préstamos entre las diferentes categorías de riesgo, para que pueda diversificar su cartera y promediar sus riesgos a un nivel con el que se sienta cómodo.

Aquí hay algunas otras plataformas populares que pueden ser de su interés: Upstart, StreetShares, FoundingCircle y Kiva. StreetShares y FundingCircle se dirigen a los préstamos para pequeñas empresas. Kiva destina los préstamos a organizaciones sin fines de lucro.

40 maneras en que puede usar sus habilidades o intereses para obtener un ingreso pasivo

Esto será divertido. De manera rápida, voy a mencionar algunas ideas rápidas sobre cómo podrías usar sus habilidades o intereses para ganar un ingreso pasivo. No gastaré mucho tiempo o espacio en estas ideas, ya que eso requeriría un libro entero. Sin embargo, espero que al

Ideas de ingresos pasivos

menos algunas de estas ideas le sean útiles. Ofrezco una amplia gama de ideas y las ofrezco al azar. Se dará cuenta inmediatamente de que algunas de las ideas no son para usted, pero es de esperar que algunas de ellas despierten su interés.

1) **Realice encuestas en línea.** Usted puede ganar dinero en su tiempo libre completando encuestas en línea. Hay muchas empresas de investigación en línea que le pagarán por completar encuestas. Comience con **Survey Junkie** y, si todavía tiene tiempo extra, regístrese con otras compañías.

2) **Escritor independiente.** ¿Es usted escritor? Si es así, puedes ganar dinero extra escribiendo artículos, blogs, libros, copias para la web, etc. Comience con **Upwork** y **Contently.**

3) **Editor independiente.** ¿Es bueno editando? Si es así, puede ganar dinero editando blogs, trabajos de tesis, artículos, web copy, libros, etc. Una vez más, comience con **Upwork** y **Contently.**

4) **Pintar casa.** ¿Le gusta pintar? ¿Eres bueno en eso? Si es así, usted debe ser capaz de pintar algunas casas para hacerdinero extra, por dentro o por fuera. Su cliente compra la pintura, pero usted tendrá que suministrar los otros materiales necesarios.

5) **Vende tus notas de la clase de la universidad.** Si usted toma buenas notas, probablemente pueda ganar algo de dinero extra vendiendo notas a los estudiantes que están tomando las mismas clases el siguiente semestre.

6) **Venda su plasma.** Hice esto cuando estaba en la universidad. A diferencia de la sangre, que puede donarse sólo cada ocho semanas, usted puede vender su plasma hasta dos veces por semana, a un precio de $25 a $50 por sesión. Si usted tiene un centro de plasma cerca de usted, esta es una gran manera de ganar dinero extra. La mayoría de las ciudades ahora tienen centros de plasma. Si usted está asistiendo a una universidad grande, es casi seguro que hay un centro de plasma cerca.

Ideas de ingresos pasivos

7) **Venda sus fotografías.** ¿Es un buen fotógrafo? ¿Le gusta tomar fotos? Bueno, puede vender esas fotos a sitios de fotos de stock y puedes vender la misma foto una y otra vez. ¿Quién compra estas fotos de archivo? La gente los compra para usarlos en sitios web, en blogs y boletines, en portadas de libros, etc. Es caro contratar a un fotógrafo, y muchas personas prefieren comprar fotos de un sitio de fotos de stock. Comience con **istockphoto, SmugMugMug Pro** y **Shutterstock.**

8) **Hacer, crecer y vender cosas en los mercados agrícolas.** ¿Tiene usted un mercado de agricultores en su comunidad o en una comunidad circundante? Si es así, estos son excelentes lugares para vender muchos artículos caseros o hechos en casa, incluyendo frutas y verduras, productos horneados, artesanías, edredones, y miel, jarabe o salsa hechos en casa. Visite el mercado agrícola más cercano y vea si le ofrece la posibilidad de vender cualquiera de sus productos caseros o hechos en casa.

9) **Tutor deportivo.** ¿Conoce de deportes? Si es así, usted podría considerar ser un tutor de deportes. Si usted es un buen jugador de béisbol, podría considerar ofrecer sus servicios para enseñar a los niños cómo mejorar sus habilidades de bateo. ¿Fue mariscal de campo en la secundaria o en la universidad? Enseñe a los aspirantes a mariscales de campo cómo mejorar sus habilidades de lanzamiento. ¿Tenis? ¿Fútbol? ¿Gimnasia? Muchos padres están dispuestos a gastar dinero para que sus hijos mejoren sus habilidades deportivas.

10) **Tutor de Matemáticas.** En la misma línea, si es bueno en matemáticas, puedes vender tus servicios como tutor de matemáticas. Tengo una hija que hizo eso para los niños de la escuela intermedia y ella ganó algunos buenos ingresos a tiempo parcial de tutoría a los niños en matemáticas.

11) **Tutor de idiomas.** De nuevo, en la misma línea, si usted es competente en un segundo idioma, puede enseñar a los

Ideas de ingresos pasivos

estudiantes para que aprendan otro idioma. Y con todas estas ideas de tutoría, usted debe tener en cuenta que puede hacer esa tutoría en persona o en línea, individualmente o en sesiones de grupo. Un amigo mío tiene un hijo que está pagando por su viaje post-universitario a través de Europa enseñando inglés a estudiantes chinos en línea.

12) **Trabajo de voz en off.** ¿Tienes buena voz? Si es así, puedes ganar dinero extra haciendo trabajos de voz en off. Empieza con **Upwork** o **Fiverr** para encontrar tus conciertos.

13) **Reciba un pago por comprar.** Mucha gente ahora utiliza a los compradores personales por una variedad de razones. Algunas personas usan compradores personales para hacer sus compras de regalos navideños (lo vi en una película de Hallmark). Mi vecina tiene 92 años y le paga a una mujer para que haga sus compras semanales. Algunos ejecutivos corporativos que no tienen mucho tiempo libre contratan a alguien para hacer mandados, como recoger la ropa de la tintorería.

14) **Reparaciones.** Las personas hábiles para arreglar cosas en la casa son difíciles de encontrar. Si eres bueno en esto, deberías considerar ofrecer su servicio. Comience con **Angie's List, Takl,** o un anuncio clasificado en su periódico local.

15) **Limpieza de la casa.** Usted puede ganar dinero extra trabajando como limpiador de la casa, ya sea de forma continua, como una vez a la semana, o puede vender sus servicios a personas que se están mudando y pueden no tener tiempo para limpiar sus lugares adecuadamente antes de salir. De nuevo, empieza con **Angie's List y Takl.**

16) **Cuidando la casa.** Sí, algunas personas le permitirán vivir en sus casas gratuitamente si se van a ausentar por períodos de tiempo prolongados. Nada de fiestas, por favor.

17) **Servicios de obras en el patio.** Algunas personas no están interesadas, no pueden o no tienen tiempo para hacer su propio trabajo de jardinería. Usted puede llenar el vacío cortando el

Ideas de ingresos pasivos

césped, removiendo la nieve con una pala, limpiando las canaletas, rastrillando las hojas, recortando los arbustos, etc.

18) **Servicios de costura.** ¿Es bueno con una máquina de coser? ¿Puede arreglar la ropa o acortar un par de pantalones? Si es así, usted puede ganar dinero extra cosiendo en casa. Además, tenga en cuenta que algunas personas hacen dinero extra planchando ropa desde sus casas.

19) **Cuidando a los niños.** Una gran manera para que un estudiante de secundaria o universitario responsable gane algo de dinero extra.

20) **Cuidado de mascota.** En la misma línea, muchos dueños de mascotas no saben qué hacer con sus mascotas cuando se van de viaje y no pueden llevarse a sus mascotas con ellos, como lo demuestra la creciente popularidad de los hoteles para mascotas. Si eres un amante de las mascotas, esta es una buena manera de ganar algún ingreso extra. Corre la voz.

21) **Pasear a los perros.** Sí, algunas personas no tienen tiempo para pasear a sus perros. Esto le ofrece la oportunidad de ganar algo de dinero y hacer algo de ejercicio al mismo tiempo.

22) **Enseñe clases de ejercicios.** Si es un aficionado al ejercicio, puede ganar un ingreso extra enseñando clases de ejercicios como spinning, yoga, Zumba, CrossFit, etc. Gana dinero mientras se mantienes en buena forma.

23) **Llame a un amigo/Bienestar.** Una de mis vecinas fundó una empresa en la que hace un control diario del bienestar de las personas mayores. Ella ha reunido una linda lista de clientes y llama a cada persona a la misma hora todos los días. Sus servicios son pagados en su mayoría por las hijas o los hijos de las personas mayores que se preocupan por el bienestar de los padres ancianos.

24) **Artesanías.** ¿Es bueno o podría ser bueno en un oficio en particular? Si usted hace joyas, artículos de cuero, ropa, etc.,

puede vender sus artículos en varias plataformas de artesanía. Comience con **Etsy** como el lugar para vender sus artículos.

25) **Reparación de motores pequeños.** ¿Es bueno arreglando motores pequeños? ¿Cortacéspedes, quitanieves, motores de barcos? Si es así, se puede ganar dinero al hacerlo. Lo mismo ocurre con los electrodomésticos simples como lavadoras, secadoras, refrigeradores, etc.

26) **Fotografía.** ¿Es bueno con la cámara? Si es así, usted puede contratarse para eventos especiales como bodas, celebraciones de aniversario, bailes de graduación, fotos de tarjetas de vacaciones familiares, fotos de mascotas familiares, etc.

27) **Clases de Música, Clases de Instrumentos Musicales.** ¿Es un buen cantante? ¿Bueno en el piano, la batería, la guitarra? Gane dinero extra dando clases a personas que intentan ser mejores cantantes o músicos.

28) **Instructor de baile.** ¿Es lo suficientemente bueno bailando como para poder enseñar? ¿Es lo suficientemente bueno para ofrecer lecciones a una pareja que quiere aprender o perfeccionar su baile antes del día de su boda?

29) **Mystery Shopping.** Muchas compañías minoristas nacionales tienen programas de compras misteriosas en los que envían a un comprador misterioso anónimo para ver cómo se trata a sus clientes. Se le puede pagar por visitar restaurantes y comercios minoristas. Comience con **Best Mark** o **Market Force** para ver qué oportunidades de compras misteriosas están disponibles en su área.

30) **Limpieza de Ventanas.** Este es otro trabajo por el que la gente pagará a otras personas. La limpieza de ventanas requiere una cantidad mínima de herramientas.

31) **Reparación de Computadoras y Dispositivos Electrónicos.** ¿Es bueno en esto? Muchas personas están dispuestas a pagar una buena tarifa para que alguien repare su computadora u otros dispositivos electrónicos. Muchas veces, estos son

problemas muy simples y el cliente simplemente no es experto en tecnología.

32) **Artista de caricaturas, pintor de caras.** Mi sobrina tiene mucho talento para dibujar caricaturas. Puede dibujar una caricatura en unos 10 minutos y a menudo lleva su caballete y lápiz a varios eventos importantes en la ciudad y se ofrece a hacer bocetos, por un precio, por supuesto. Lo hizo en grandes conciertos y eventos deportivos. También fue a la playa los días en que mucha gente estaba allí y se ofreció a hacer sketches de caricaturas. En la misma línea, aprendió a pintar la cara y luego usó esa habilidad para ganar dinero extra en los partidos de fútbol de la universidad.

33) **Camisetas de diseño.** ¿Tiene un don para crear diseños para cosas como camisetas, calcomanías para parachoques, tazas de café, etc.? Si es así, visite CafePress. Usted puede poner sus diseños a la venta en ese sitio; y entonces, cuando los clientes ordenan una camiseta con uno de sus diseños, usted ganará una porción de las ganancias. CafePress enviará el artículo al cliente y recogerá el dinero. No tendrás que hacer nada más que cargar el diseño.

34) **Clases privadas de cocina.** ¿Es una gran cocinera? Si es así, puedes ganar algo de dinero extra enseñando a otras personas a cocinar. Tal vez algunas personas sólo quieran aprender lo básico de la cocina. Otros podrían querer aprender a hacer postres o a hornear tartas. Otros pueden querer un curso intensivo de cocina italiana o francesa. Puedes ganar dinero extra enseñando a otros en lo que ya eres bueno.

35) **Organizar Casas u Oficinas.** ¿Es bueno organizando cosas? Usted puede ayudar a la gente a deshacerse del desorden en sus casas y oficinas.

36) **Diseño de páginas web.** ¿Es usted un experto en diseño web? Si es así, su conjunto de habilidades le ofrece una gran oportunidad para ganar dinero extra. Y puede hacerlo todo a

Ideas de ingresos pasivos

través de Internet. ¿Busca conseguir algunos trabajos de diseño web? Comience con **Upwork** y **Fiverr**.

37) **Conduce por dinero en efectivo.** ¿Tiene un buen coche? ¿Sabe moverse por la ciudad en la que vive? Puedes ganar dinero llevando a la gente a su destino. Muchos de ustedes han oído hablar de **Uber** o **Lyft**. Si prefieres no llevar a la gente de un lado a otro, hay un servicio de entrega a petición llamado **Postmate** en el que se te pagará para que entregues comestibles, comidas en restaurantes, pedidos en tiendas de licores, etc.

38) **Videógrafo.** ¿Tiene una cámara de video? ¿Es bueno convirtiendo fotos en videos? Entonces deberías ser capaz de ganar dinero como camarógrafo. Comience con eventos especiales como recepciones de boda, fiestas de cumpleaños, aniversarios, reuniones familiares y de clase, etc.

39) **Servicios de Diseño Gráfico.** La mayoría de las pequeñas empresas no pueden permitirse agencias de publicidad costosas para diseñar sus diversos materiales de marketing. Pero si eres experto en diseño gráfico, tienes la oportunidad de ganar dinero extra como diseñador. Deberías poder encontrar algunos trabajos de diseño en **99 Designs**.

40) **Home Staging.** ¿Puede hacer que su casa luzca atractiva acogedora? Es de conocimiento general que las casas decoradas se venden mucho más rápido y por más dinero que las casas vacías. Si le gusta hacer esto, póngase en contacto con las agencias inmobiliarias locales para ver si están interesadas en este servicio. Tampoco tendrá ningún problema en trabajar para múltiples agencias, ya que las casas ya estarán listadas por una agencia inmobiliaria específica para el momento en que la casa sea puesta en escena.

Capítulo 6--Haga Inversiones Asesinas

En este capítulo, le proporcionaré información para principiantes sobre otras tres fuentes de ingresos pasivos: acciones, CD (certificados de depósito) y bienes raíces. Estoy detallando estas oportunidades de ingresos pasivos en el capítulo final del libro, ya que, en la mayoría de los casos, se trata de oportunidades de "usar el dinero para ganar más dinero". Aunque no se requieren grandes cantidades de dinero para ninguna de estas actividades, usted necesitará al menos tener algo de dinero para comenzar a participar en estas oportunidades de inversión.

Cómo empezar a invertir en acciones

Si nunca ha invertido en acciones, es importante que sepa que invertir en acciones no es tan complicado como parece. Ahora hay muchas herramientas fáciles de usar disponibles para ayudarle a invertir en acciones, ya sea que quiera tomar un enfoque práctico o no práctico. Si está considerando invertir en acciones, una de las cosas más importantes que debe recordar es que invertir en acciones es un juego a largo plazo. No se supone que sea un plan para hacerse rico rápidamente. En otras palabras, no debe invertir dinero en acciones que pueda necesitar a corto plazo. Esto incluye cualquier fondo de emergencia que usted pudiera haber escondido. La razón de esto es que muchas inversiones en acciones fluctuarán y, si usted necesita salir de estas inversiones porque necesita dinero en efectivo para otras cosas, usted estará sujeto a dondequiera que esté el mercado en ese momento. Y, si el mercado o sus acciones están a la baja, usted puede incluso perder dinero en su inversión original. Se ha comprobado que la mayoría de las inversiones en acciones continuarán aumentando de valor con el tiempo, pero el mercado fluctuará y usted querrá asegurarse de que no se encuentra en una posición en la que tenga que retirar sus fondos cuando el mercado y sus inversiones estén en valor bajo. Como regla general, usted debe sentirse cómodo al separarse de su dinero por lo menos durante cinco años. ¿Por qué cinco años? Esto se debe a que la historia muestra que incluso si el mercado sufre una recesión, es muy poco probable que una recesión dure más de cinco años.

Si aún no ha invertido en el mercado de valores y se pregunta si puede invertir, aunque no tenga mucho dinero, la respuesta es sí, aunque hay algunos desafíos. Estos desafíos pueden ser superados, pero usted necesita estar al tanto de ellos antes de comenzar a invertir. El primer reto para superar es que muchas inversiones en acciones requieren un mínimo. El segundo reto tiene que ver con la diversificación. Con las estrategias de inversión en acciones, es práctica común diversificar sus inversiones para que no tenga "todos sus huevos en una sola canasta". Si usted tiene fondos limitados, va a ser difícil repartir sus fondos limitados.

La solución a ambos desafíos es invertir en fondos de índices bursátiles y ETFs (fondos cotizados en bolsa). Para aquellos que no están familiarizados con los fondos cotizados en bolsa, deben saber que los ETFs son fondos de inversión que se negocian en la bolsa de valores, de forma muy parecida a las acciones. Los ETFs tienen activos tales como acciones, materias primas o bonos. Mientras que los fondos mutuos pueden requerir una inversión mínima de $1000 o más, los fondos de índices bursátiles mínimos tienden a ser más bajos y los ETFs tienden a ser aún más bajos que los fondos de índices. De hecho, algunos corredores ofrecen fondos indexados sin ningún mínimo. (Fidelity y Charles Schwab son dos de los corredores que ofrecen fondos indexados sin mínimos.) Por lo tanto, los fondos indexados no sólo están disponibles sin mínimos, sino que también tienen una solución incorporada al problema de la diversificación, ya que los fondos indexados consisten en muchas acciones diferentes dentro de un mismo fondo.

Ideas de ingresos pasivos

Si está interesado en recibir un flujo de ingresos pasivo para sus inversiones en acciones sin tener que vender las acciones en las que ha invertido, podría considerar acciones de dividendos, acciones que pagan dividendos. Las compañías bien establecidas como Target, Pepsico, Exxon o Disney son más propensas a pagar dividendos que algunas de las compañías más nuevas y menos establecidas. Las empresas más establecidas ya no necesitan invertir todos sus beneficios en el crecimiento de la empresa y pueden permitirse el lujo de pagar los beneficios a sus inversores. Por otro lado, las empresas más nuevas, especialmente las empresas de tecnología o biotecnología son mucho menos propensas a pagar dividendos, ya que quieren utilizar la mayor parte de sus beneficios como sea posible para expandir la empresa.

Hay dos tipos principales de dividendos: dividendos en efectivo y dividendos en acciones. Estos dividendos a menudo se pagan trimestralmente, aunque algunos se pagan mensual o semestralmente. Los dividendos ofrecen a las empresas una forma de distribuir los ingresos de vuelta a los inversores y una de las formas en que los inversores obtienen un rendimiento de la inversión en acciones. Los dividendos en efectivo se pagan por cada acción que usted posea. Por ejemplo, si usted posee 20 acciones de una compañía y esa compañía paga $2 en dividendos anuales, usted recibirá $40 por año por sus acciones. Algunas compañías pagan dividendos en acciones en lugar de dividendos en efectivo, así que, en lugar de obtener dinero de su inversión, usted recibirá acciones adicionales de la compañía. Entonces usted podrá vender esas acciones si desea obtener dinero en efectivo o podrá mantenerlas invertidas en la compañía. Algunas compañías ofrecen programas de reinversión de dividendos, llamados DRIPs, en los que se permite a los inversionistas reinvertir sus dividendos en las acciones de la compañía, a menudo a una tasa de descuento. Por lo tanto, si está interesado en recibir un flujo de ingresos pasivo de sus inversiones en acciones, querrá elegir específicamente acciones de dividendos para su cartera.

Ideas de ingresos pasivos

Ahora que le he dado información básica sobre las acciones, debería estar listo para comenzar a invertir. Estos son algunos pasos sencillos para comenzar:

Determine si va a ser un inversionista activo o pasivo. Si desea participar activamente en la elección de las acciones en las que invierte, necesitará un corredor de bolsa. Voy a recomendar tres corredores diferentes que son muy adecuados para los inversores principiantes:

1) **Merrill Edge.** Una buena opción para los inversores principiantes, ya que no se requiere un depósito mínimo. Cargos de $6.95 por operación.

2) **TD Ameritrade.** Otra buena opción para principiantes. Al igual que Merrill Edge, no se requiere un depósito mínimo y se cobra un cargo de $6.95 por operación. Actualmente se está llevando a cabo una promoción en la que se eximen los cargos comerciales durante 60 días, pero con un depósito calificativo. Con cualquier corredor que esté considerando, por favor revise sus sitios para ver qué promociones están ofreciendo. Estas ofertas promocionales siempre están sujetas a cambios, por lo que lo que se ofrece un mes podría no estar disponible el siguiente mes.

3) **E-Trade** requiere un saldo mínimo de $500, pero también tienen una promoción que ofrece un crédito en efectivo, hasta $600, para un depósito en cuenta que califique. $6.95 de cargo por operación.

Si usted no quiere estar muy involucrado en la selección de las acciones en las que invierte, debería considerar el uso de una cuenta de robo-asesor en lugar de un corredor de bolsa. La mayoría de los principales corredores ofrecen robo-asesores, ya que son extremadamente rentables para el inversor ocasional. Al utilizar un robo-asesor, usted puede obtener todos los beneficios de la inversión en acciones sin tener que hacer toda la investigación que tendría que hacer si seleccionara las acciones en las que desea invertir. Los servicios de Robo-Asesor cubren la gestión completa de la inversión. Cuando se registre para un robo-asesor, se le harán una serie de preguntas sobre sus objetivos de inversión. A partir de esa información, el robo-asesor creará un portafolio que se ajuste a sus metas y objetivos. Aquí hay tres diferentes robo-asesores que son muy adecuados para los inversores principiantes:

1) **Wealthfront.** Cuenta mínima de $500 con una comisión de administración de 0.25%. Tenga en cuenta que la comisión de gestión del 0,25% es sustancialmente inferior a la que pagaría a un gestor de inversiones.

2) **Betterment.** Sin mínimo de cuenta con una comisión de gestión del 0,25% que puede ser gratuita hasta por un año con un depósito elegible.

3) **SoFi.** Cuenta mínima de $100 con 0% de comisiones de administración.

Una nota más antes de pasar de las acciones a los CDs: Una de las mejores opciones de inversión en acciones para principiantes son los fondos mutuos. Los fondos mutuos ofrecen una manera fácil y de bajo costo para que usted se empape en el mercado de valores. Un fondo S&P 500 es un buen punto de partida. Para aquellos de ustedes que han escuchado el término S&P fund, pero no saben lo que significa, un fondo S&P es un fondo que consiste en acciones de las 500 compañías más grandes de los Estados Unidos. Si usted invierte en un fondo S&P, estará comprando una pequeña porción de 500 de las compañías más exitosas del país. Como estas compañías ya son entidades probadas, usted estará invirtiendo en un grupo de compañías que probablemente continuará prosperando.

De la misma manera, si está utilizando un robo-asesor, el asesor podrá crear una cartera de acciones de empresas exitosas con las que podrá poseer una parte de cada uno de estos clientes y diversificar su cartera. Se trata de inversiones en acciones de bajo riesgo, ya que las compañías en las que se invertirá serán entidades de una eficacia ya probada.

Todo acerca de CD Laddering

Antes de hablar sobre el CD Laddering, definiré lo que es un CD. Un CD es un certificado de depósito. Es un depósito a plazo fijo que comúnmente venden los bancos, las cooperativas de crédito o las instituciones de ahorro. Los certificados de depósito ofrecen una alternativa de muy bajo riesgo para las personas que buscan obtener tasas de interés más altas que las escasas tasas de interés que obtienen en sus cuentas de ahorro. La desventaja es que con una cuenta de ahorros usted generalmente puede retirar su dinero en cualquier momento sin tener que pagar una multa por retiro. Con un CD, usted no podrá tener acceso a su dinero por la duración del depósito, ya sea un depósito de un año o un depósito de cinco años.

El escalado de CD o CD Laddering es un proceso muy sencillo. El escalado de CDs implica la compra de múltiples CDs al mismo tiempo, con cada CD madurando en diferentes momentos, por ejemplo, 1 año, 3 años, 5 años. En lugar de colocar todo el dinero de su CD en el mismo intervalo de tiempo, usted elegirá diferentes intervalos. El escalado de CD ofrece una flexibilidad total. Usted puede comprar diferentes cantidades para diferentes intervalos; incluso puede elegir diferentes bancos para sus diferentes CDs, dependiendo de las tasas de interés ofrecidas por esos diferentes bancos. Por ejemplo, si tiene $10,000 para invertir en certificados de depósito, podría invertir $3,000 en un CD a 1 año, $3,000 en un CD a 2 años, $2,000 en un CD a 3 años y $2,000 en un CD a 5 años. Tal vez utilice un banco para los certificados de depósito a un año y a dos años y otro banco para los certificados de depósito a tres y cinco años porque ofrecen una tasa de interés más alta que la que ofrece el primer banco en esos intervalos.

Los CD ya garantizan una tasa de retorno. Al escalonar, usted puede obtener tasas de interés aún más altas y siempre estará cerca de tener dinero disponible para cualquier emergencia inesperada.

Permítame darle otro ejemplo para mostrarle cómo puede ganar intereses adicionales al escalonar su CDS. De nuevo, digamos que tiene $10,000 para invertir en CDs. Si invierte todos los $10,000 en certificados de depósito a un año y continúa vendiendo esos certificados a medida que vencen, con un rendimiento porcentual anual del 2.8%, habrá aumentado sus $10,000 a $11,502.68 en un período de 10 años. Por otro lado, si usted toma los mismos $10,000 e invierte $2,000 cada uno en certificados de depósito a 1, 2, 3, 4 y 5 años, obtendrá las tasas de interés más altas a medida que aumente la duración del plazo. Si está obteniendo el 2.8% de interés en un año, 2.95% en un año, 3% en un período de 3 años, 3.05% en un período de 4 años y 3.15% en un período de 5 años, los $10,000 originales habrán aumentado a $11,668.36 después de 10 años.

Cuatro maneras simples de obtener ingresos por inversiones inmobiliarias

Invertir en bienes raíces ofrece oportunidades lucrativas para que usted obtenga ingresos pasivos adicionales. Una de las cosas emocionantes de invertir en propiedades inmobiliarias es que, a diferencia de las acciones y los bonos, usted puede pagar sólo una parte de su inversión inmobiliaria antes de que pueda empezar a ganar dinero con ella. Normalmente, usted pagará entre el 20 y el 25% como pago inicial por los bienes raíces que compre. En algunos casos, usted puede pagar hasta un 5%. Independientemente de cuál sea su porcentaje, desde el

Ideas de ingresos pasivos

momento en que firme los papeles de su hipoteca, podrá comenzar a ganar dinero con esa inversión.

Veamos cuatro maneras sencillas de ganar dinero con sus inversiones en bienes raíces:

1) **Conviértase en propietario.** Si usted compra una casa o una pequeña propiedad comercial, podrá ganar dinero alquilando esa propiedad. Lo bueno de esto es obvio. Usted podrá usar los pagos de su inquilino para pagar su hipoteca. En muchos casos, usted estará cobrando a sus inquilinos una renta mensual que es más que los pagos mensuales de su hipoteca. Por lo tanto, no sólo puede ganar dinero con los pagos mensuales de un inquilino, sino que también puede utilizarlos para hacer los pagos de la hipoteca y aumentar el valor líquido de la propiedad, ya que es probable que la propiedad se esté apreciando.

   Para ser justos, hay algunos posibles aspectos negativos de ser propietario. A menos que usted le pague a una compañía para que administre su propiedad, usted estará atascado con el manejo de cualquier problema en esa propiedad. Si el calentador de agua se apaga, usted será responsable de reemplazarlo lo antes posible. Si la lavadora deja de funcionar, usted tiene que repararla o reemplazarla... en la mayoría de los casos, a su cargo. Si usted alquila a malos inquilinos, es posible que ellos puedan dañar o destruir su propiedad. Si ellos no pagan su renta mensual, usted todavía tendrá que hacer el pago de su hipoteca e incluso podría tener que pagar para desalojar a esos inquilinos. Si usted no puede alquilar su propiedad y está vacía, todavía tendrá que hacer el pago de la hipoteca.

   Dicho esto, si alguna vez llega a un punto en el que su hipoteca está pagada, el alquiler que cobra se convertirá en casi todo beneficio. Al mismo tiempo, como usted es dueño de la

Ideas de ingresos pasivos

propiedad por un período de tiempo, esa propiedad probablemente va a apreciar y usted tendrá un activo mucho más valioso que el que tenía al principio.

2) **Los grupos de inversión inmobiliaria** son una gran opción para las personas que quieren tener bienes raíces, pero no quieren las molestias de ser propietario o administrar una propiedad. En un grupo típico de bienes raíces, una compañía compra o construye un conjunto de edificios de apartamentos o un complejo de condominios. Luego permiten que la gente compre las unidades dentro de esos edificios o complejos. Una persona que compra una unidad pasa a formar parte del grupo de inversión inmobiliaria. Un solo inversionista puede poseer una o varias unidades en los edificios o complejos, pero la compañía que opera el grupo de inversión continuará administrando todas las unidades, manejando todo el mantenimiento, anunciando vacantes y asegurando inquilinos, a cambio de un cierto porcentaje de la renta mensual. Si usted está en un grupo de bienes raíces y su unidad en particular tiene una vacante, aun así, recibirá un pago mensual, ya que cualquier vacante será cubierta por todo el grupo de inversión. Mientras no haya muchas vacantes en el edificio o complejo, usted debería poder obtener ingresos mensuales de la(s) unidad(es) que posee.

3) **Comercio de bienes raíces (flipping).** Este es el lado salvaje de la inversión inmobiliaria. El comercio de bienes raíces es muy arriesgado, pero también puede ser extremadamente lucrativo. Voltear o hacer flipping no es para los "débiles de corazón". Si usted va a tener éxito en el flipping, lo más probable es que tenga que ser bueno en la evaluación de bienes raíces y luego en la comercialización de ese bien inmueble. Hay de dos tipos. El flipper puro está interesado en comprar propiedades que requieren muy poca o ninguna alteración.

Ideas de ingresos pasivos

Ellos simplemente querrán revender la propiedad por más de lo que pagaron por ella. El otro tipo de flipper compra propiedades a precios razonables con la idea de renovarlas o mejorarlas hasta el punto de que puedan ser revendidas con beneficios. Este es a menudo un proceso más largo que el primero, pero las ganancias pueden ser sustanciales. Si usted va a hacer este tipo de cambio, usted va a tener que estar dispuesto a asegurar contratistas que puedan renovar la propiedad y usted va a tener que estar dispuesto a supervisar este trabajo. Algunas personas se meten en líos sin tener una idea de a quién contratar o cuánto va a costar hacer las mejoras que quieren hacer para darle más valor a la propiedad. Si usted ha sido enganchado en los programas de televisión que giran en torno a flippear casas o si usted ha estado leyendo algunas de las historias de éxito tremendo con respecto al tema usted debe saber que también hay muchas historias por ahí acerca de los novatos que esperaban hacer su fortuna, pero no pudieron hacerlo y tuvieron una experiencia desastrosa.

4) **Los fondos de inversión inmobiliarios (REIT)** son básicamente una versión más formalizada de los grupos de inversión inmobiliaria. Un REIT se crea cuando una corporación (o fideicomiso) utiliza el dinero del inversionista para comprar y operar propiedades con ingresos. A diferencia de los grupos de inversión inmobiliaria antes mencionados, los REITS incluyen propiedades no residenciales o empresas inmobiliarias, como centros comerciales y complejos de oficinas. Los REITs se compran y se venden en las principales bolsas, al igual que las acciones. Con los REITs, una corporación debe pagar el 90% de sus ganancias excedentes a los inversionistas en forma de dividendos para mantener su estatus de REIT. De este modo, los REIT no tienen que pagar impuestos sobre la renta de las empresas, mientras que una

Ideas de ingresos pasivos

empresa normal estaría sujeta a impuestos sobre sus beneficios y tendría que decidir si emitir o no dividendos a los inversores a partir de sus beneficios después de impuestos. Los REITs se consideran una inversión sólida para los inversores que desean obtener ingresos regulares.

Conclusión

¿Hay un mejor momento que ahora para empezar a ganar más dinero? Con todas las fuentes de ingresos pasivos que le he proporcionado en este libro, ya no puede decir que no tiene ninguna idea de cómo puede ganar dinero extra. Nadie pretenderá nunca que todas estas ideas se adapten a usted, sin embargo, definitivamente hay algunas ideas que usted puede perseguir. Ahora la pregunta es, ¿va a pasar su tiempo quejándose de que no tiene ninguna fuente de ingresos extra o va a hacer algo al respecto? Le he dado las herramientas para tener éxito. Lo que hagas con esas herramientas depende de ti. Cuando era niño y compro un juguete nuevo para su cumpleaños, ¿espero a usar ese juguete nuevo? Supongo que empezó a jugar con ese nuevo juguete inmediatamente. Lo mismo ocurre con las ideas de este libro. Seguramente, usted encontró por lo menos algunas buenas ideas entre todas las opciones que presenté. Disculpe la analogía, pero ahora que ha leído este libro, el autobús acaba de dejarle en el camino del éxito. ¿Va a tomar esa carretera o va a volver al autobús?

Ya sea que use su dinero para ganar más dinero o que simplemente use sus habilidades para ganar dinero, es hora de empezar ahora. Dudo que usted hubiera leído este libro si no estuviera interesado en ganar más dinero. Sí, la mayoría de las ideas presentadas requerirán algún tiempo o esfuerzo de su parte. Sin embargo, si usted está dispuesto a poner en el esfuerzo inicial, muchas de las ideas presentadas le permitirán ganar dinero extra, algo de ello mientras duerme. Revisar el saldo de su cuenta bancaria puede convertirse en algo que espera con ansias en lugar de algo que preferiría no hacer en absoluto.

Ya sea que se embarque en micro-inversiones, blogs, préstamos entre pares o simplemente paseando perros, no hay mejor momento que ahora para que empiece a ganar más dinero.

No más procrastinación

Hábitos simples para aumentar su productividad y ponerse en acción. Descubrir cómo eliminar los hábitos de procrastinación y superar la pereza para siempre

Tabla de Contenidos

Introducción 111

Capítulo uno: Dejar los malos hábitos ahora 115

Los mayores errores de concepto sobre la pereza 115

5 razones por las que eres perezoso y cómo arreglarlos 117

6 maneras de superar el cerebro perezoso 121

7 hábitos terribles que le impiden tener éxito 124

Capítulo dos: Despertando una mente motivada 128

¿Qué tipo de aplazamiento es usted? 128

10 must know hacks para la motivación de soplar la mente 135

La mentalidad fija frente a la mentalidad de crecimiento 139

5 consejos para desarrollar una mentalidad que le traiga éxito 142

Capítulo tres: Cómo hacer el trabajo 144

11 técnicas Esenciales para Aumentar Su Productividad 144

10 secretos detrás de la productividad según los multimillonarios del mundo 149

5 estrategias de gestión del tiempo para hacer más en menos tiempo 153

Capítulo cuatro: Agudizar el enfoque 157

14 EJERCICIOS PARA DESARROLLAR UN ENFOQUE AGUDO COMO UNA NAVAJA DE AFEITAR 158

El vínculo crucial entre el cerebro y el vientre 165

5 maneras de desarrollar una autodisciplina inquebrantable ... 168

Capítulo cinco: Establecimiento de metas para el éxito............ 172

Conceptos asociados con el establecimiento de metas............... 173

Formas de Metas 174

10 técnicas para fijar metas para lograr sus metas más rápido 175

7 cosas que debe saber sobre cómo fijar las metas correctas.... 178

Las mejores maneras de recompensarse por las metas cumplidas 181

Capítulo seis: Nuevo tú, nuevas rutinas 184

8 maneras de crear grandes hábitos que conducen al éxito........ 185

9 rutina de la mañana para hacer de cada día un buen día........ 191

6 rutinas nocturnas para asegurar que el mañana sea tan bueno como el presente. 195

Capítulo siete: No más obstáculos.. 199

7 maneras de Conquistar su Miedo al Fracaso........................ 199

7 estrategias para vencer al monstruo del perfeccionismo 202

7 maneras en las que la Positividad puede Manifestar el Éxito. 205

5 fortaleciendo Mantras para Destruir el Auto sabotaje y Empezar a Hacer las Cosas. 209

Conclusión 212

Introducción

No importa en qué fase de su vida se encuentre actualmente, o en qué profesión se encuentre. La verdad es que todos estamos tratando de superar la dilación de una manera u otra. Anhelamos no sólo obtener resultados, sino también obtenerlos rápidamente. Los resultados son buenos, pero cuanto antes lleguen, mejor para nosotros. Y aquí es donde entra en juego la dilación.

La mayoría de nosotros ya tenemos todo planeado. Nuestras cabezas burbujean con un montón de ideas y visiones, y queremos empezar lo antes posible, pero la dilación nos impide alcanzar los logros. Es tan sutil que nunca sabes que estás siendo retenido.

La mayoría de las personas que dejan las cosas para más tarde terminan completando sus tareas antes de la fecha límite, pero en la mayoría de los casos, terminan el trabajo bajo presión. Un procrastinador nunca está satisfecho con el trabajo terminado, ni siquiera cuando se completó antes de la fecha límite. Siempre existirá el temor de que algo no se haya hecho bien. La dilación te obliga a vivir en la ansiedad y el miedo perpetuo.

Hay esperanza. El primer paso es entender que hay un problema. Una persona que posterga y que no lo sabe, está en camino a la mayor trampa del mundo. Saber que tienes un problema es el principio de la solución. La dilación es complicada, pero se puede entender. Sólo tienes que entender de qué se trata. Y eso es lo que te ayudaré a hacer en este libro: entender la postergación.

Sólo se puede romper su fortaleza después de entender lo que la hace fuerte. Hay pequeños detalles que pueden ayudarle a superar la dilación. ¿Sabe que el contenido de su estómago en un momento dado puede tener un efecto en su productividad en ese momento? Sorprendente, ¿verdad? Pero ese es el caso.

Al seguir mis guías en este libro, quiero asegurarle que está en buenas manos. Soy Ethan Grant, y me encanta pensar que soy un agente de productividad. Soy uno de los principales oradores sobre el tema de la productividad. Entiendo tanto el concepto de productividad como el de dilación, y sé cómo cambiarlos en una persona.

Hay algo a lo que me refiero con la psicología del procrastinador. Es tan fuerte en los procrastinadores que casi nunca saben que existe. Se lo revelaré durante nuestro viaje a través de las páginas de este libro. Sólo les pido que se queden conmigo y estén tan atentos y proactivos como pueden para que puedan cambiar. He diseñado este libro en la forma más simple posible para que pueda beneficiar a cualquier persona que lo lea. Los pasos listados son todos prácticos, por lo que tendrá problemas para seguirlos.

Toni Morrison escribió en uno de sus libros: "Si te rindes al aire, puedes montarlo". Hay muchas posibilidades en tu vida. Las cantidades de cosas que usted puede lograr son bastante abrumadoras, pero la postergación nunca se lo permitirá.

Si alguna vez te has sentado a imaginar todas las grandes cosas que pudiste haber hecho pero no hiciste, a pesar de que estás 100% seguro de que tienes todo lo que se necesita, entonces, debes saber que tienes un problema de dilación. Pero una vez superado este problema, muchas posibilidades comenzarán a abrirse para ti, cosas que nunca habías imaginado que podrías hacer.

Los beneficios de conquistar la postergación son numerosos. Simplemente siéntese y trate de imaginar todo los propósitos que podría cumplir si decide dar un paso hoy y volverse productivo en cualquier campo en el que se encuentre.

No más procrastinación

Mis consejos de productividad han tocado vidas en varios lugares. Hago que la gente me llame y me diga algunas de las maneras en que mis enseñanzas han afectado sus vidas de manera muy positiva. A lo largo de los años, he trabajado sin descanso para producir algunas lo que compartiré con ustedes en este libro. Deberías considerarte afortunado porque recibirás la mayor parte del trabajo de mi vida en los siguientes capítulos. Estas son pepitas de oro que han cambiado vidas y han creado un nuevo camino para las personas que alguna vez se sintieron frustradas.

La productividad es una cosa maravillosa, pero tiene que ser entendida y respetada antes de que pueda ser aplicada. Por supuesto, nada bueno viene fácil, así que tendrá que seguir los procedimientos en este libro algún tiempo antes de comenzar a cosechar los beneficios. Puedo asegurarles que si se aplican estos principios, no hay nada que pueda impedir que su luz brille.

Usted podría estarse preguntando, ¿por qué este libro, de todos los otros libros que tratan el tema de la postergación cambiará mi vida? El objetivo principal de escribir este libro es verter todo mi ser en estas páginas. No sólo estarás leyendo un libro, sino que estarás exprimiendo mi cerebro y te irás con un conocimiento maravilloso.

Soy un maestro experimentado, y trato de ser lo más técnico posible con cualquiera de mis trabajos escritos. Esto es para asegurarme de que mi lector entienda fácilmente la información que estoy tratando de transmitir. Si la brecha de comunicación es defectuosa, entonces, toda la aventura de escribir no tiene sentido. Este es el vacío de comunicación que he intentado colmar de la mejor manera posible. El método listado aquí son procedimientos que cualquier persona puede utilizar con éxito sin ningún tipo de estrés.

Recuerda, el Cielo sólo ayuda a aquellos que se ayudan a sí mismos. Sentarse debajo de un manzano no significa que se irá a casa con una canasta llena. Usted necesita tomar medidas y conectar algunos para su satisfacción. El éxito está ahí, en la esquina, pero nunca entrará en tu casa hasta que la invites a entrar.

Finalmente, recuerde que nuestro mundo sólo pertenece a los que toman parte en la acción. Ningún cambio real puede ocurrir, excepto que usted decida tomar medidas. La acción es el ingrediente clave en cada historia de éxito. Tienes que empezar a vencer la dilación ahora antes de que te arrebate tu glorioso destino.

Un estilo de vida productivo debe ser su principal objetivo mientras se esfuerza por convertirse en una mejor versión de sí mismo. Comience a practicar todos los consejos y pautas que se ofrecen en este libro. Espero que pronto tengas una historia positiva que contar.

su satisfacción. El éxito está ahí, en la esquina, pero nunca entrará en tu casa hasta que la invites a entrar.

Finalmente, recuerde que nuestro mundo sólo pertenece a los que toman parte en la acción. Ningún cambio real puede ocurrir, excepto que usted decida tomar medidas. La acción es el ingrediente clave en cada historia de éxito. Tienes que empezar a vencer la dilación ahora antes de que te arrebate tu glorioso destino.

Un estilo de vida productivo debe ser su principal objetivo mientras se esfuerza por convertirse en una mejor versión de sí mismo. Comience a practicar todos los consejos y pautas que se ofrecen en este libro. Espero que pronto tengas una historia positiva que contar.

No más procrastinación

Mis consejos de productividad han tocado vidas en varios lugares. Hago que la gente me llame y me diga algunas de las maneras en que mis enseñanzas han afectado sus vidas de manera muy positiva. A lo largo de los años, he trabajado sin descanso para producir algunas lo que compartiré con ustedes en este libro. Deberías considerarte afortunado porque recibirás la mayor parte del trabajo de mi vida en los siguientes capítulos. Estas son pepitas de oro que han cambiado vidas y han creado un nuevo camino para las personas que alguna vez se sintieron frustradas.

La productividad es una cosa maravillosa, pero tiene que ser entendida y respetada antes de que pueda ser aplicada. Por supuesto, nada bueno viene fácil, así que tendrá que seguir los procedimientos en este libro algún tiempo antes de comenzar a cosechar los beneficios. Puedo asegurarles que si se aplican estos principios, no hay nada que pueda impedir que su luz brille.

Usted podría estarse preguntando, ¿por qué este libro, de todos los otros libros que tratan el tema de la postergación cambiará mi vida? El objetivo principal de escribir este libro es verter todo mi ser en estas páginas. No sólo estarás leyendo un libro, sino que estarás exprimiendo mi cerebro y te irás con un conocimiento maravilloso.

Soy un maestro experimentado, y trato de ser lo más técnico posible con cualquiera de mis trabajos escritos. Esto es para asegurarme de que mi lector entienda fácilmente la información que estoy tratando de transmitir. Si la brecha de comunicación es defectuosa, entonces, toda la aventura de escribir no tiene sentido. Este es el vacío de comunicación que he intentado colmar de la mejor manera posible. El método listado aquí son procedimientos que cualquier persona puede utilizar con éxito sin ningún tipo de estrés.

Recuerda, el Cielo sólo ayuda a aquellos que se ayudan a sí mismos. Sentarse debajo de un manzano no significa que se irá a casa con una canasta llena. Usted necesita tomar medidas y conectar algunos para

Capítulo uno: Dejar los malos hábitos ahora

Los mayores errores de concepto sobre la pereza

Empecemos por señalar que la pereza no es una enfermedad o un trastorno de la personalidad; es algo que has aceptado para ti mismo. La pereza es algo que lentamente se arrastra hacia ti, te enreda, y gradualmente se apodera de tu personalidad. Es muy sigiloso, y trabaja mano a mano con la dilación.

Piense en la pereza como un deseo del laico. Es algo que quieres hacer, algo con lo que te sientes muy cómodo. Aunque mucha gente puede discutir y hablar de lo mucho que odia la pereza, en el fondo, hay una parte que se siente cómoda con sólo estar acostada y no hacer nada. Es casi como un conflicto interno contigo mismo. Una parte de ti te suplica que no consigas ni hagas nada, mientras que la otra parte conoce y entiende las repercusiones de esas acciones.

Tome nota de que la pereza y el descanso no son lo mismo. Usted descansa después de completar un gran proyecto, pero cuando este descanso continúa por un tiempo prolongado, entonces usted sabe que hay un problema. La pereza puede consumir tanto a una personalidad que se convierte en parte de su personalidad, un hábito sobre el que no pueden hacer nada. Y aquí es donde se pone raro y peligroso. En este punto, el individuo puede comenzar a ver la pereza como un desorden o una enfermedad, que en la mayoría de los casos, es errónea.

El hábito de la pereza se puede formar en una variedad de circunstancias. Es aún más activo en adultos que de alguna manera han perdido la motivación para ser aventureros y buscar nuevas cosas en el mundo. Estudie a los niños que le rodean. Apenas se ve a uno perezoso. Siempre están en pie y haciendo, buscando la siguiente gran aventura y descubrimiento. Y es por eso por lo que la vida se mantiene brillante y fiel a aquellos que entienden los rudimentos de las cosas nuevas.

Por el contrario, la pereza en un adulto puede resultar porque la persona mayor cree que ya ha visto suficiente de la vida y ahora está particularmente desmotivada. Esto es la pereza de la mente. Aquí, el individuo en cuestión está dotado de suficiente fuerza y energía para llevar a cabo la tarea, pero debido a que no hay motivación, la tarea permanece sin hacer. Y se culpa a la pereza.

Desde otra perspectiva, se puede decir que la pereza es una variedad de estados que pueden ser emocionales o físicos y que pueden afectar las ganas de una persona por hacer las cosas. Para diferentes personas, hay diferentes razones por las que son perezosas. A veces, la pereza puede surgir en un individuo que trabaja duro, todo por falta de interés. Imagínate un extremo introvertido y un extremo extrovertido, ambos planeando fiestas. Definitivamente, uno pondrá más esfuerzo en la preparación que el otro. Ahora bien, no es que el introvertido sea perezoso, sino que los introvertidos son generalmente personas a las que no les gusta invertir en actividades sociales.

Pero esto no debería ser una excusa para acomodar la pereza. Una persona nunca nace naturalmente perezosa, excepto si hay una enfermedad que debilita naturalmente al individuo. Aparte de eso, la pereza se aprende o se adentra y se convierte en un hábito. Lo curioso de la pereza como hábito es que continúa creciendo en ti hasta que destruye completamente todos tus planes. La pereza es un aspecto de su vida que puede afectar otra parte de su vida y arruinarla. Si usted se sale con la suya hoy en día, su mente tratará de engañarlo para que crea que se saldrá con la suya de nuevo hasta que lo devastador finalmente suceda.

No más procrastinación

5 razones por las que eres perezoso y cómo arreglarlos

Muchas veces, la gente tiene un sentido sombrío del hecho de que la pereza finalmente se ha colado en su vida. Ya no se trata de si soy perezoso, sino de por qué soy perezoso. Aunque esta es una pregunta muy importante, la respuesta a esa pregunta no está fácilmente disponible excepto a través de una búsqueda más profunda. Hay varias razones por las que las personas terminan siendo perezosas, y estas razones varían de un individuo a otro. La pereza puede ser causada por una amplia gama de factores externos, incluyendo los psicológicos.

Se han revelado formas de cómo superar la pereza. Como otros rasgos, la pereza puede transformarse en eficiencia. Aunque este método funciona, la mayoría de las veces los candidatos que lo aplican pueden volver a caer en la pereza. Pero hay algo más profundo en la situación. Usted tiene que sentarse y entender la verdadera causa de su pereza antes de que se pueda prescribir una solución.

Hay algunas causas generalmente identificables de pereza en diferentes individuos, sin importar sus diferencias de personalidad. Algunos de estos incluyen:

1. **Estar abrumado por la tarea en cuestión**.

Algunas personas se sienten abrumadas por el tamaño del trabajo requerido para completar un proyecto. Un método para deshacerse de esto es dividir las tareas principales en tareas más pequeñas, pero incluso esto mismo puede hacer que una persona ignore la tarea. La mayoría de las veces, la gente carece de los conocimientos necesarios para realizar una tarea. Así que se olvidan de la tarea y la dejan colgando. Esta forma de pereza tiene que ver principalmente con la capacidad mental. Es decir, la pereza se forma porque un individuo no puede hacer el ejercicio mental necesario para entender la tarea que se le presenta.

Esta tarea requerirá una cantidad insensata de investigación, recolección de materiales y todos los demás requisitos. Pero la solución aquí es aprender las habilidades necesarias para dividir una tarea en tareas más pequeñas. No es una habilidad con la que uno nace. Se desarrolla a lo largo del tiempo, con una práctica constante. Si usted ha identificado este tipo de pereza en su vida, es hora de que se esfuerce por aprender a tratar con grandes proyectos y manejarlos por partes, uno a la vez.

2. Propósito no identificado

A menos que usted haya establecido la razón por la cual la realización de una tarea en particular será importante para usted, su mente nunca pondrá no querrá completarlo. Cuando no hay un propósito claro, difícilmente habrá motivación para completar la tarea. La pereza parece ser fácilmente un refugio seguro para las personas que no tienen un propósito claro que perseguir.

Una vez que una persona llega a ser plagada con tal forma de pereza, no habrá manera de avanzar y hacer lo que debemos; todo lo que buscará es una forma de escape. Si descubres que caes en esta categoría de pereza, la solución será encontrar algo que te motive. Encuentra algo que te haga querer actuar. Antes de comenzar cualquier tarea, siéntese y haga una lista de todos los beneficios que puede obtener cuando la tarea esté finalmente terminada. Esto le dará algo de motivación para llevar el trabajo al siguiente nivel.

3. La necesidad de producir un trabajo perfecto

Para un perfeccionista, la regla es hacerlo al 100% de excelencia o dejarlo sin hacer. Mientras que esto puede ser a veces un rasgo muy admirable y necesario para producir los mejores resultados de una tarea, a veces puede quitar el deseo de trabajar. Un perfeccionista pasará horas y días recolectando y perfeccionando el material necesario antes de iniciar una tarea. El no perfeccionista, por otro lado, ya ha comenzado con lo que tiene y ha progresado. Con el tiempo, terminará el trabajo, dando los últimos retoques para perfeccionar el trabajo lo mejor que pueda.

Los perfeccionistas siempre se frustran más fácilmente mientras trabajan en una tarea porque alcanzar la perfección nunca es una tarea fácil. Siempre habrá factores sobre el terreno que aseguren que la obra nunca alcance la perfección. El miedo a cometer errores es otro factor que impide a los perfeccionistas iniciar una tarea. Esto ocurre sobre todo cuando hay una parte del trabajo que no son plenamente capaces de llevar a cabo. Así que, para prevenir errores, ni siquiera empiezan.

Usted puede frenar los efectos de este estilo de vida perfeccionista al entender que la perfección no se alcanza en una sola vez. Lleva tiempo conseguir que algo sea tan bueno como tú quieres que sea. Y esa es la belleza de trabajar en algo, de poner cada vez más de nuestra parte hasta que se cree algo de calidad. La calidad requiere tiempo y esfuerzo. La alegría está en el proceso de completar el trabajo, y usted será plenamente recompensado cuando se logra. Entienda que hay un tiempo para dejar a un lado su mentalidad perfeccionista y tratar de hacer las cosas, incluso si usted no está demasiado seguro de su capacidad para completar la tarea dada. No tengas miedo de que la gente te mire de manera diferente cuando fracases. Ellos también han fallado antes, así que no deberías preocuparte por sus miradas. Haz lo que sea necesario.

4. Aceptar la pereza

Hay una especie de pereza que es habitada, pereza en la que puedes hablarte a ti mismo. Algunas personas nunca han puesto sus mentes en lograr algo tangible, de tal manera que ni siquiera tienen una idea de lo que es ser productivo. Es más bien un estado de complacencia e inactividad. Ellos tienen una mentalidad que antes de que se pueda llevar a cabo una tarea, tiene que ser divertida y agradable, por lo que cuando se enfrentan a una tarea tediosa, se olvidan de ella y buscan formas de escapar. Las cosas que no entran en la categoría de lo agradable se dejan para más tarde, y después, y finalmente más tarde, hasta que nunca se hacen.

Tener estos pensamientos de vez en cuando es completamente normal. Así es como funciona tu cuerpo. Pero si se repite una y otra vez, entonces usted sabe que son un problema de ética de trabajo. Tu cuerpo sólo quiere disfrutar, lo cual está mal. Debe haber ocasiones en las que seas disciplinado y trabajes. Estos pensamientos pueden, de alguna manera, bloquear su capacidad de producir algo que valga la pena, algo que puede ser apreciado.

Despoja tu mente de este tipo de pensamientos y ponte a trabajar. Véase a sí mismo como alguien que tiene que lograr lo que se propone. La acción tomada ahora es siempre la mejor, y conducirá a recompensas satisfactorias.

5. Condiciones de salud

Como se ha señalado anteriormente, hay una especie de pereza que es causada por dolencias físicas o enfermedades. Si descubre que se siente cansado fácilmente y que nunca hay ninguna motivación para que trabaje, entonces debe considerar hacerse una prueba médica. Estas enfermedades casi nunca se revelan hasta que es bastante tarde, pero tu cuerpo responde a ellas lo suficientemente temprano, y te toca a ti detectarlas. Una de las maneras en que el cuerpo responde es sintiéndose cansado para ayudarle a conservar energía. Sin embargo, ese no debería ser el caso. Todo esto podría ser el resultado de un trastorno de la tiroides. Estos problemas de la tiroides podrían llevar a diabetes, enfermedades cardíacas y otras enfermedades que podrían debilitar el cuerpo.

6 maneras de superar el cerebro perezoso

Cuando la pereza se apega a una persona, también puede afectar su cerebro y hacerlo perezoso. Tu cerebro y tu mente, la mayoría de las veces, trabajan mano a mano. Y una vez que uno de ellos comienza a acomodar las nociones de pereza, el otro se ve afectado instantáneamente. Esto se conoce como pereza mental.

La pereza mental puede presentarse de varias maneras. Por un lado, la pereza mental puede aparecer en forma de una mentalidad desorganizada y dispersa. Su facultad mental siempre estará desorganizada, produciendo una gran variedad de pensamientos que en su mayoría no tienen sentido. La mayoría de estos pensamientos que ocurren como resultado del desorden mental lo son:

- Pensamientos negativos.
  La mente está mayormente condicionada a pensar y recordar cosas negativas de la vida, siempre tiende a reflexionar y considerar las cosas que han salido mal. ¿Cómo esperas producir resultados cuando tu mente está atascada en tales pensamientos? Será muy difícil conseguirlo. Estos pensamientos negativos pueden acumularse y afectarte mental, psicológica y físicamente. Una vez

que su cerebro perezoso le dice a su cuerpo que está enfermo y que no puede desempeñarse, su cuerpo obedece y cae en la pereza.

- Faltan las cosas más importantes de la imagen
Una mente inundada de pensamientos es una mente que siempre estará en pánico. Nada se mantiene estable. Este tipo de pensamiento siempre te ensimismes, haciendo que te pierdas las cosas que tienes justo enfrente.

Algunas de las maneras en que usted puede controlar este cerebro perezoso y llevarlo al libro incluyen:

1. **Protege tu mente**

Sea un guardián de todos los pensamientos que pasan por su mente. Observe los pensamientos a medida que van y vienen y trate de entender el patrón en el que ocurren. Podrás identificar los pensamientos negativos y los positivos. Examínese a sí mismo y descubra por qué los pensamientos negativos se han vuelto incesantes. Es posible que haya pequeñas razones a su alrededor, las cuales puede que tenga que arreglar. Puede ser ansiedad, miedo al fracaso o estrés mental.

2. **Presta atención a cada pensamiento.**

A medida que los pensamientos vienen a tu mente y tratan de producir pereza, presta atención a todos y cada uno de ellos y encuentra su raíz. Si usted está ansioso por algo, entonces averigüe por qué ocurre la ansiedad en primer lugar. Si usted está estresado y no puede desempeñarse de manera óptima, entonces trate de averiguar cómo combatir este estrés y restaurar el cuerpo a su estado normal de funcionamiento. Elimina estos pensamientos uno por uno y reduce el poder de los pereza.

3. No busques un escape.

La mayoría de la gente siempre está en busca de cosas que les ayuden a escapar del presente y vivir en un universo paralelo de entretenimiento. Aunque está bien buscar alguna forma de escape del ajetreo de la vida, se debe revisar si se vuelve demasiado. Si descubres que eres ese tipo de persona que depende en gran medida del entretenimiento para escapar y evitar las "perturbaciones" en tu vida, notarás que tu mente pronto comenzará a experimentar deterioro.

Hay otras formas de escapismo que la gente emplea para liberarse de las garras de sus vidas. Las drogas recreativas sólo le ofrecen placer a corto plazo. Una vez que desaparece, te encuentras con el mismo problema del que habías estado tratando de escapar. Tu mejor opción es enfrentarte a lo que sea y conquistarlo de una vez por todas.

4. Manténgase atento

Estar atento implica prestar plena atención a las cosas que te rodean, tanto las que tienen que ver con tu estado mental como las que tienen que ver con el mundo físico que te rodea. No dejes que nada, por pequeño e infinitesimal que sea, pase de largo. Disfrute de la vida y al mismo tiempo sondee usted mismo e identifique las razones por las que disfruta de ciertas cosas. Mientras hace esto, asegúrese de permitirle a su mente un poco de espacio para la exploración. Deja que tu mente se desvíe un poco, pero no permitas que viaje demasiado lejos para que no lo pierdas.

5. Organícese

La desorganización resulta fácilmente en desorden, y el desorden en cualquier forma no es sólo una distracción, sino una enorme manta húmeda. Tener su espacio personal atascado en el desorden puede resultar en la pérdida de motivación. Un espacio limpio siempre te invita a trabajar, a hacer algo. Un espacio desorganizado, por otro lado, te aleja y te dice que no se puede hacer nada.

Trata de observarlo por ti mismo. ¿Cómo te sientes al entrar a la cocina y encontrarte con un montón de platos esperándote en el fregadero? Es natural que quieras ocuparte de eso antes de seguir cocinando La mente es siempre más cómoda y capaz de organizarse para producir siempre que se le presenta un espacio limpio.

6. Busque ayuda cuando sea necesario

Siempre hay ayuda para ti cuando intentas curar tu mente de pereza. Todo lo que tienes que hacer es buscarla. A veces, puede que no sea capaz de superar una distracción o tentación de por sí solo, pero con la ayuda de otros, lo encontrará fácil de hacer. Naturalmente, habrá este temor de encontrar gente para pedir ayuda. Esto puede deberse a una experiencia desagradable en el pasado, pero es una habilidad necesaria que hay que aprender, especialmente cuando se lucha con algo tan adictivo como la pereza. Es posible que se necesite un poco de práctica para aclimatarlo con lo básico para encontrar ayuda.

7 hábitos terribles que le impiden tener éxito

Vivir una vida de productividad es tener éxito en cualquier cosa que se encuentre haciendo. Y los hábitos mismos son algunos de los factores que se acumulan para producir éxito. Son nuestros hábitos los que nos definen y los que nos hacen quienes somos, ya sea como historias de éxito o como un fracaso. Es por eso por lo que es necesario que uno construya los hábitos perfectos para permitir el éxito. Lamentablemente, la mayoría de las personas han pasado su vida construyendo hábitos que fomentan el fracaso y los alejan aún más del éxito. Aquí, voy a destacar algunos de esos hábitos que podrían obstaculizar su éxito.

1. **Incapacidad para decir "no".**

A veces deberías ser el malo y hacer algunos rechazos. No se debe participar en todo lo que se le invita a participar. Si te resulta difícil decir que no y no sentirte culpable por ello después, te darás cuenta de que has estresado tanto tu cuerpo como tu alma. Además, si sigues diciendo que sí a todo, tendrás un horario abrumador, que también puede resultar desastroso.

Las investigaciones han relacionado la depresión con la incapacidad de decir que no porque pronto descubrirá que ya no puede controlarse a sí mismo. No decir que no puede desviarte de tu objetivo principal y hacer que persigas otra cosa simplemente porque alguien más te ha persuadido para que lo hagas.

2. **Miedo a los riesgos**

Sé inteligente, pero no lo hagas con precaución. Eso es algo que me encanta decirles a mis estudiantes. Es natural tener un poco de miedo de su futuro, pero nunca debe permitir que afecte su trabajo y las decisiones que toma. Temer a los riesgos es asegurarse de que nunca obtendrá nada tangible. Las mejores cosas siempre se te escaparán. Y no importa cuánto temas los riesgos, esa cosa que temes todavía te ocurrirá algún día, así que es mejor tomar el riesgo de todos modos. Tomar riesgos y fracasar y saber que al menos aprendiste algo nuevo. Esa es la belleza de la vida, explorar y descubrir cosas nuevas.

3. **Retenido por tu pasado**

Dicen, "lo pasado, pasado está", y yo no podría estar más de acuerdo. Olvida las cosas de tu pasado, las cosas del fracaso y las cosas del éxito. El éxito también tiene una forma de impedir que usted logre más. Si lo has logrado antes, entonces, deberías avanzar y tratar de conquistar más. No permita que el éxito de ayer le impida duplicar sus esfuerzos y hacer más. Lo mismo ocurre con el fracaso. Lo mejor que puedes hacer por ti mismo es enterrar las cosas del pasado y mirar hacia el futuro.

4. **Construyendo tu vida con sólo hablar**

Este hábito es mortal. Es para personas que pasarán la mayor parte de su tiempo hablando de una visión en lugar de ponerse a trabajar para hacerla realidad. Hablar es bueno, pero la acción es mejor. ¿Sabes qué es lo mejor? Tomar acción inmediatamente. No permita que las historias le obstruyan la mente hasta que empiece a ignorar el trabajo principal que tiene que hacer. Hablar es barato, y la acción es cara. No vivas una vida barata. Es peligroso.

5. **Jugar a los juegos de la culpa**

La culpa es una carga pesada, y es algo hermoso quitársela de los hombros. Usted experimenta instantáneamente la libertad, y puede volver a relajarse. Se mantiene dulce hasta que se vuelve demasiado tarde, cuando finalmente descubres lo que te ha costado el daño de echar la culpa a alguien más. Si se le debe culpar, no hay necesidad de rechazar la culpa por el bien de la libertad temporal. Acepta tu culpa y sigue adelante con ella. En lugar de poner excusas y tratar de liberarse, trate de averiguar por qué esa empresa fracasó en primer lugar. Echarle la culpa a todo el mundo es una receta para más fracasos.

6. **Falta de autodisciplina**

La autodisciplina es simplemente obedecerte a ti mismo como tu propio jefe. La autodisciplina es agacharse para que usted sea lo suficientemente humilde como para escuchar a su propio yo. Usted debe ser capaz de hablar de sí mismo hacia el éxito y fuera del fracaso. De hecho, nunca podrás tener éxito si no has aprendido a regañarte a ti mismo cuando sea necesario. Aparte de eso, usted debe temer las fechas límite que usted pone. Debe haber castigos por no completar una tarea en el momento adecuado. Estas son algunas de las cosas que la autodisciplina implica. Al final, se trata de ser tu propio maestro y maestro más duro.

7. **Una mentalidad competitiva**

Suscribirse a una competencia sana es adecuado para su desarrollo, pero cuando la competencia comienza a generar envidia y baja autoestima, se convierte en algo peligroso. Su mayor logro debe ser usted mismo. Mejórate a ti mismo independientemente del éxito de los demás o de lo que se esté embarcando en este momento. Permita que el éxito de otras personas se convierta en una motivación para mejorar su trabajo, no para volverlo loco. Permanezca en su carril, pero asegúrese de hacerlo lo mejor que pueda.

Capítulo dos: Despertando una mente motivada

Puede que te sorprenda que, aunque las cosas se pongan difíciles, pierdas el impulso de continuar porque se trata sólo de ti. Por supuesto, el único "ser" que ves a tu alrededor es tu ser interior. E incluso su voluntad interna de seguir adelante ha sido golpeada por una enfermedad mortal que yo llamo frustración.

¡No te preocupes! Al final llegas a esa etapa. De hecho, es una gran señal de que estás progresando. Muestra que se ha escalado a través del nivel inicial. Aunque el progreso puede parecer lento y puede no significar mucho en comparación con la meta que te has propuesto, ahora estás en una posición en la que necesitas estar motivado.

Tenga cuidado de no expresar este sentimiento de frustración en su vida diaria. El efecto consecuente es que nada parecerá funcionar para usted. ¿Por qué? Porque lo has pre condicionado como una realidad con la que vivir.

Dos cosas podrían entrar en juego: el desánimo y la dilación. Desánimo porque no está seguro de si va a funcionar. Y la dilación porque tu progreso es lento. Ninguno de los dos es un trato con el que hay que conformarse, y otras cosas dañinas podrían suceder.

Este capítulo explorará todo lo que necesita saber sobre cómo seguir adelante.

¿Qué tipo de aplazamiento es usted?

Será interesante observar la importancia de la productividad en nuestro lugar de trabajo y en nuestra vida diaria. Pero una cosa que destruye nuestra capacidad creativa para hacer más es la dilación. La dilación es simplemente el acto de empujar la realización de las cosas hacia el futuro; cosas que usted considera de menos valor en su momento presente.

Todos hemos estado en esta piscina antes. Admitir este hecho no lo presenta como un buen hábito. Aunque la priorización puede redefinir el contenido de las tareas que se llevarán a cabo en el futuro, sólo muestra que hemos sido capaces de identificar la raíz de las antiguas dificultades. Algunos podrían no aceptar la responsabilidad y pasarla para otro momento porque sienten que son incapaces de hacer tal tarea. Otros podrían hacerla sólo por cumplir, otro acto de pereza.

1. El Evader

Hay momentos en que estamos en nuestro mejor momento para cumplir una tarea. Pero a veces, decidimos no continuar porque nos preocupa no poder hacerlo. La auto duda entonces mata la creatividad en nosotros. Tienes miedo de caer, y lo único que te viene a la mente es dejar de realizar esa tarea. Nadie discutirá el hecho de que es bueno reconocer nuestras limitaciones y debilidades. También es necesario que no permitas que eso te detenga.

Construir un sentido de importancia

Entienda el valor que se le asigna a la tarea que evita. Vea esos valores como compromisos que necesitan apoyo vital. Por supuesto, tú eres el que asegura su existencia cumpliéndola. Y puesto que el soporte vital no es una decisión que hay que evitar, sus tareas no deberían serlo también. Usted puede tender a comparar cada uno de esos trabajos que impulsa más a medida que su corazón late. Por mucho que el latido de nuestro corazón sea esencial en el futuro, también se considera de mayor importancia para el presente.

Escapando del evasor

- Describa un resultado positivo

    Crear suficientes razones para no evitar la tarea. La alegría de los logros por sí sola debe ser una motivación constante para animarte. Mientras que usted ha sido un benefactor continuo de la satisfacción y el placer derivado de no hacerlo inmediatamente, también puede obtener ese cumplimiento cuando lo piensa positivamente.

- Prepara tu testamento

    Todo lo que hay dentro de ti debe recibir el conocimiento correcto para hacer las cosas rápidamente. Y lo bueno de la fuerza de voluntad es que usted es el mejor influenciador.

- Empieza en pedazos

    El trabajo puede ser abrumador a veces; pero con diferentes estrategias, se volverá interesante. Divida el proceso de completar la tarea en partes. No pienses en lograrlo en un abrir y cerrar de ojos. Asigne cada pieza con un límite de tiempo, digamos de 5 minutos (usted tiene el control aquí). Puede que necesites despejar tu dormitorio. Dale tres minutos para arreglar tus zapatillas y dos minutos para arreglar una corbata. Ir con este flujo hace que el trabajo sea más manejable y emocionante.

2. El Stickler

La excelencia es una virtud que debe ser vista en todos; pero no debe afectar la integridad de un trabajo. Algunas personas están atrapadas en el círculo de sacar lo mejor de todo lo que hacen. No pueden hacer menos hasta que estén satisfechos de que el trabajo es de clase mundial.

Nadie está negando lo esencial de hacer las cosas de la mejor manera; esto demuestra la importancia de la productividad. Pero comprenda que en muchos casos, la atención requerida para tales tareas debe ser bien monitoreada; y por lo tanto, tendemos a dejar de hacerla porque estamos abrumados. Existe ese temor a la baja calidad que les impide comenzar de inmediato.

Salir de lo más riguroso
- Haga el análisis

Las matemáticas no serían necesarias aquí, pero puedes pensar en hacer la aritmética del último trabajo que hiciste. Hágase diferentes preguntas, desde cuándo comenzó hasta cómo lo completó. ¿Tenía algún efecto consecuente? ¿Pudieron alcanzar una tasa de éxito del 100%? ¿Hubo alguna recompensa de satisfacción interna por esto? ¿Qué perspectiva le dio a su trabajo? Es más probable que hayas sido demasiado duro contigo mismo para perfeccionar tu próxima tarea, y es por eso por lo que quieres arreglar los detalles más pequeños.

- Tener una intención clara

Comprender la naturaleza del trabajo a realizar. Los tecnicismos, módulos de operación, gastos de diseño y presentación. Asegúrese de tener una definición clara de lo que necesita lograr. Cuando su propósito esté claro, no se distraerá.

- Defina su satisfacción

Un análisis funcional le facilitará este paso. Una vez que hayas podido detallar cuál es tu felicidad, buscarla en cada trabajo que hagas no será un problema de nuevo. Su satisfacción puede llegar cuando logre, digamos, la mezcla correcta de color en sus diseños de interiores.

3. El cerebro desordenado

¡Sí, desorden! Puede ser cierto que estamos muy ocupados con muchas cosas que hacer. Desde el trabajo hasta las actividades de grupos sociales, el compromiso religioso, los controles de salud y seguridad, el mantenimiento de la familia y muchas otras rutinas interesantes. Las tareas de oficina múltiples solas en su lugar de trabajo pueden ser una amenaza para priorizar su trabajo diario. Entonces se convierte en un problema elegir la tarea correcta a realizar en este momento. Y cuando esto es demasiado para nosotros, tendemos a hacer algunas tareas y empujar otras hacia el futuro. A veces, nuestro estado mental es tan ocupado como nuestra carga de trabajo que nos confundimos desde adentro primero, luego la realidad de lo físico añade insulto a la lesión. Es evidente que estás ocupado con muchas cosas que hacer, y el más mínimo tiempo para descansar también se utiliza para pensar. Estarías de acuerdo conmigo en que esos pensamientos no son tan productivos como deberían serlo.

Salir del cerebro desordenado
- Establecer prioridades

Identifique el trabajo más relevante y hágalo inmediatamente. Nunca se sienta abrumado cuando las tareas menores parecen ser la mayor parte de la situación. Cree una lista expresa de sus tareas rutinarias. Haga las que usted siente que son necesarias y urgentes de inmediato, y complete otras de manera constante.

- Determinar una fecha tope

Por mucho que el trabajo sea esencial, es vital establecer un límite de tiempo para cada una de sus tareas. Tomarse demasiado tiempo en un problema en particular deja a otros apilándose. Tenga en cuenta que su límite de tiempo debe ser alcanzable. Dado que la mayoría de sus trabajos se realizan de forma rutinaria, elabore una estrategia para simplificar el proceso.

- Trabajar con hechos

Busque el consejo de los expertos para tareas específicas. Dar un paso como este le da una ventaja para tener éxito a un ritmo más rápido. Trabaje con datos y cifras probadas de profesionales y alivie su carga de trabajo.

- Responsabilidades de los delegados

Usted no tiene que hacer necesariamente todo el trabajo. Busque la ayuda de un colega o, mejor aún, permita que el asistente de su oficina haga una parte del trabajo. Tenga cuidado, sin embargo, al delegar poder. Asegúrese de tomar las decisiones críticas y de supervisar el progreso de cualquier tarea delegada.

4. Sin preocupaciones

Estas personas no ven ninguna razón para hacer una tarea en particular en el momento propuesto. Sienten que hay tiempo suficiente para hacer el trabajo.

¿Recuerdas cuando necesitabas escribir un informe de la universidad para una excursión, y la experiencia de este ejercicio te animó a planear el siguiente? Lo que pasó es que pasaste mucho tiempo fantaseando sobre el próximo viaje, pero no para escribir el informe. Por lo tanto, el tiempo destinado a la tarea crítica de preparar la descripción se utilizó para otra cosa que podría no ser tan importante en la actualidad.

Una fracción de este grupo cree que son más eficaces cuando la fecha límite está cerca. Por lo tanto, se sienten presionados para dar lo mejor de sí mismos en la última hora.

Escapando de la despreocupación
- Hacer estadísticas para aritmética

Puede que no estés familiarizado con este principio. Es muy sencillo. Ya que realmente no ves una razón para hacer la tarea más crucial en este momento, trata de aplicar el mismo principio a lo que hubieras hecho en ese momento. Trate de posponer sus actividades llenas de diversión. Experimentar con esto le dará otra sensación de urgencia para emprender tareas.

- Contar los efectos

Puede que tengas que ser sincero contigo mismo: Lo que realmente quieres es diversión. ¿Pero cuánto te ha costado esta diversión? Piensa en un mayor sentido de logro que habrías tenido si no hubieras empujado la tarea hacia el futuro. No hay nada malo en intentar algo bueno, así que inténtalo.

- Examine sus desencadenantes

Puede que no seas consciente de que la fuente de tu dilación no eres tú, sino lo que haces en algún momento. Su entorno puede ser un desencadenante. Haga un breve examen de las cosas que hace y vea si puede hacerlas de otra manera. Aplique el mismo principio también para sus tareas. Puede que le interese descubrir qué es lo que le empuja a postergarlo.

5. El fantaseador

Si usted pertenece a este grupo, significa que ha pasado mucho tiempo teniendo planes pero no ha dado ningún paso constructivo para lograrlo. Parece bastante fácil hablar de leer cinco capítulos de un libro al día. De hecho, usted podría haber iniciado toda esta idea y haberla comentado a sus colegas, pero la etapa de presentación fue el último esfuerzo realizado para lograrlo. Comprender que una acción propuesta sin una estrategia constructiva sigue siendo una fantasía.

Salir del fantaseador
- Entender el establecimiento de metas

Empezar con un plan no es un movimiento equivocado, sólo que el enfoque para lograrlo debe ser explicado con precisión. El establecimiento de metas requiere el compromiso de no rendirse ni siquiera ante las distracciones. Tendrá que tomar en serio todas las sugerencias que se dan en el Capítulo Cinco de este libro.

- Empieza de a poco

No hay necesidad de apresurarse para llegar a la altura que siempre ha imaginado. Tómese su tiempo para hacer su tarea. Recuerde que lo que usted quiere lograr no vendrá automáticamente.

- Seamos realistas

Deje de perder el tiempo en lo que no se puede lograr. Si lo que siempre has planeado hacer es poco realista, es hora de acortarlo y volverlo real.

10 must know hacks para la motivación de soplar la mente

La excelencia es algo en lo que hay que pensar cuando se trata de alcanzar objetivos. Muchos factores necesitarían atención para actualizar esto, y uno de ellos es la motivación. La motivación es la fuerza que te hace seguir adelante ante los desafíos y las distracciones. Para alcanzar sus objetivos, tendría que seguir moviéndose para mejorar su nivel de productividad y aumentar su rendimiento.

1. **Comenzar poco**

   Un gran asesino de los logros es cuando no te ves haciendo más, especialmente de la manera en que lo has fantaseado. No sería lo que pensabas. Entienda que lo que más debe importarle cuando está comenzando algo nuevo es el progreso.

   Puede parecer agotador porque usted siente que no se está moviendo al mismo ritmo que los demás. Eso también podría ser otro error. Este eres tú haciendo lo tuyo, así que no tienes ninguna obligación de trabajar a la velocidad de nadie. Comprobar el progreso de otras personas debería inspirarte a hacer más, no a esclavizarte al arrepentimiento.

   La realidad de un objetivo a largo plazo es que requiere un largo período de tiempo para ser alcanzado. Así que tómalo con calma y firmeza hasta que finalmente cumplas tus objetivos. No necesitas preocuparte.

2. **Identificar un propósito fuerte**

No se debe emprender nada si no se ha delineado la intención. Es necesario porque esto le servirá de recordatorio en cualquier momento en que quiera rendirse. Su propósito debe ser firme y esencial para usted. Esta seguridad es lo que sostiene tu fuerza de voluntad.

Su intención podría provenir de sus experiencias durante su infancia, el establecimiento de metas, la elección de carrera, los antecedentes familiares, y así sucesivamente. Sea lo que sea, debe ser convincente para ti. Tenga cuidado de no dejarse seducir por los factores ambientales. No tome medidas porque esa es la tendencia en su entorno inmediato. Asegúrese de que lo ha pensado muy bien y que está listo para pasar por ello.

3. **Diseñe una estructura para sus metas**

Necesitas diferenciarte de los demás. Recuerda que tus intenciones tienen una fecha límite, así que nada debería distraerte de cumplirlas. Cree una guía que le ayudará a concentrarse. Puede ser un esquema expreso de sus objetivos o una imagen que contenga lo que desea lograr. Hacer esto trae claridad de propósito. Entonces, usted sabe todos los insumos/recursos necesarios para lograr el éxito.

Con una estructura, usted podrá seguir su progreso en todo momento. No te cansarías de lograr un resultado sobresaliente porque tu progreso es evidente. Tener una estructura bien definida te hace avanzar en los detalles esenciales. Es un modelo seguro de motivación.

4. Añada diversión a su tarea

A nadie se le anima a hacer más cuando todo parece tedioso, especialmente cuando se trata de una tarea rutinaria. Posicione su trabajo como parte de su vida que merece felicidad. Y una excelente manera de mantenerse feliz mientras hace su trabajo es cuando le agrega diversión. Usted no tiene que ser rígido aquí, y su trabajo puede no ser necesariamente un placer.
Además, no olvide que la disciplina no debe ser un cordero para sacrificar por placer. Reproduzca su lista de reproducción favorita mientras escribe y disfrute del ritmo. También puede decidir charlar con su colega durante su descanso. Hable abundantemente sobre lo que hace que el trabajo sea interesante.

5. Cuida de tu tribu

La tribu aquí significa gente de la misma clase. Podría ser un colega que ha decidido seguir el mismo camino que usted. Es posible que haya decidido escribir una reseña para cinco revistas internacionales sobre un tema en particular. Revise a alguien a su alrededor que haya tomado la misma decisión que tú.

Te sentirás más inspirado porque estás seguro de que no estás solo en este viaje de éxito. Ver a la(s) otra(s) persona(s) crea una mentalidad de competencia. Diviértete más cuando te reúnas con ellos desafiando tus habilidades. Su objetivo aquí no es sentirse incómodo aunque no cumpla con el objetivo que se le ha asignado. El espíritu de trabajo en equipo debe hacer que te pongas en marcha.

6. Evite los pensamientos negativos

Naturalmente, diversas ideas fluirán a través de su mente, ya sea que lo esté haciendo bien o no. Pero puedes tamizar lo que se te ocurra. Controla lo que domina tus pensamientos, especialmente los negativos. Una mejor manera de mantener buenas ideas es tener afirmaciones positivas cada vez que una mala destella en tu mente. Usted podría estar pensando en no lograr la tarea porque se siente incapaz. Dígase a sí mismo que "No soy deficiente en habilidades, tendré resultados productivos y sobresalientes".

7. Conozca más

Haga la tarea usted mismo para aprender sobre una tarea en particular. Lo bueno del conocimiento es que te hace ir más allá de las expectativas. Mucha gente ha pasado por lo que estás pensando hacer. Lea sobre ellos. Aprenda los diferentes desafíos que enfrentaron y cómo los superaron. La lectura de sus historias le permitirá tener una amplia experiencia, ya que no lo dejarán ser víctima de las circunstancias. Lea periódicos, revistas y blogs; vea videos y déjese inspirar por sus descubrimientos.

8. Ver a un profesional

Su trabajo es guiarlo a través de las sesiones extraordinarias. Su objetivo aquí no es limitarse a lo que escucha. Un encuentro con los expertos hace que el trabajo sea más personal. Podrás relacionar tus miedos, frustraciones y desafíos con una mente abierta. Al final del día, usted debe haber sido responsabilizado por el abogado de procedimiento. También puede mejorar sus habilidades de liderazgo con un profesional. Y si el éxito de lo que usted quiere es una prioridad, no piense en el costo que implica buscar la ayuda de un profesional.

9. Retroceda con frecuencia

Trabajar de forma inteligente es la clave para un resultado de trabajo exitoso. Usted no tiene que quedarse atascado en una tarea por mucho tiempo sólo porque quiere encontrar una solución. Restaure sus capacidades mentales tomando descansos. Su salud es más valiosa cuando necesita ponerse en marcha. Usted estará de acuerdo en que es menos productivo siempre que pase más tiempo del necesario. Puede que estés intentando diseñar la portada de un libro, pero parece que los puntos no están conectados. Deja el trabajo por un tiempo. Dé un paseo por la calle o navegue por Internet. Durante ese período de descanso, su cerebro y otras partes de su cuerpo se refrescarán, dejándolo mejor que antes.

10. Vivir saludablemente

Nadie puede cuidarte mejor que tú. Esté atento a los alimentos que aportan nutrientes. Usted podría considerar comer vegetales y frutas, dependiendo de su dieta. Tomar agua con frecuencia es bastante saludable. El enfoque aquí es que tu cuerpo físico debe ser capaz de sostener cada actividad que intentes hacer. Vivir en la enfermedad es suficiente desánimo para realizar cualquier tarea.

La mentalidad fija frente a la mentalidad de crecimiento

El tema de la mentalidad es importante porque lo que hacemos y pensamos determina nuestro nivel de productividad y nuestra tasa de éxito. La mentalidad es la colección de ideas (que provienen de la experiencia personal, ambiental, cultural y espiritual), suposiciones, creencias y pensamientos que se sostienen para convertirse en una parte constituyente de la inclinación, las interpretaciones, la disposición y el hábito mental. Por lo tanto, es crucial dominar el arte de la mentalidad, tanto para uso personal como profesional. El efecto de la mentalidad se muestra a nivel de comportamiento y crea una perspectiva rígida sobre la vida en general.

La mentalidad fija

Como su nombre lo indica, una mentalidad fija sostiene que los atributos de la vida diaria son rasgos estáticos, y por lo tanto no pueden ser modificados. Las personas con esta mentalidad se centran más en lo que pueden hacer impulsados por su inteligencia, habilidad y talento. Cualquier esfuerzo que lleve al éxito no es una opción para ellos. De alguna manera, sólo avalan su talento en lugar de adoptar estrategias para mejorarlo y construirlo. Puede que hayas visto a gente que se ha limitado en el alcance del rendimiento; los que ya tienen una perspectiva de "No puedo cambiar".

Un ejemplo de alguien con una mentalidad fija es aquel que cree que es un atleta porque puede correr hasta cierto punto. La mentalidad se conocerá durante las sesiones de entrenamiento. Si insiste en que no puede batir el récord de la pista, sino que sólo puede mantener su actual racha de rendimiento, probablemente sea susceptible a tener una mentalidad fija.

La mentalidad fija no ve oportunidades para mejorar en lo que hacen, y no se esfuerzan por mejorar. Es posible que se haya encontrado con personas que son dogmáticas sobre el uso de algunas instalaciones modernas sólo porque fueron criadas por sus abuelos, y deben haber sido mal informadas. Siempre que hay algún cambio, entonces no es para ellos.

También, considere cuando se le enseña a un estudiante cómo resolver un problema particular en Matemáticas. Si el facilitador agrega variables a la pregunta, entonces explicarla convencionalmente se convierte en un problema (algo en lo que una mentalidad fija se dará por vencida porque pensó que al revés era la mejor manera de resolverlo), entonces, se da por vencido.

Podría haber aceptado su debilidad al no conocer el problema y luego buscar una manera de evitarlo. El cambio en la pregunta ya suponía una amenaza para él, y se sentía impotente, y esa era razón suficiente para darse por vencido. Si se le preguntara por qué se rindió, será fácil señalar a alguien más, ponerse a la defensiva y tomar represalias.

La mentalidad de crecimiento

Una mentalidad de crecimiento acomoda los cambios para mejorar las habilidades y cualidades a través de la perseverancia, la dedicación y el esfuerzo. Las personas con esta mentalidad creen en el desarrollo integral mediante la construcción de fortalezas y habilidades, no sólo donde sienten que tienen la capacidad.

Estas personas entienden que el aprendizaje puede desarrollarse con persistencia. Aunque cuando llega el fracaso, es con el entendimiento de que puede mejorar. Tienen una visión de diferentes posibilidades.

Las personas con una mentalidad de crecimiento son más propensas a trabajar con todo su potencial porque los retos no les hacen parar, sino que ponen más esfuerzo. Por ejemplo, uno de cada cinco estudiantes extranjeros en una clase de alemán tiene dificultades en el idioma. Una mentalidad de crecimiento no se desanimará porque no cumplió con los estándares de los demás, sino que entenderá que sólo necesita dar más esfuerzo. La paciencia será otra cosa para tener en cuenta aquí.

5 consejos para desarrollar una mentalidad que le traiga éxito

1. Cree una plataforma para aprender algo diferente todos los días

La dependencia de los rasgos fijos no producirá un resultado de clase mundial. Tómese el tiempo para hablar con un profesional en la línea de su fuerza y habilidad. Siempre hay una mejor versión de tu poder. El experto debe ser capaz de guiarlo eficazmente y de empujarlo a hacer lo correcto en cada momento necesario. Tome el dolor de aprender y hacer algo diferente de su talento todos los días. También puedes considerar leer sobre lo que aprendes en línea o unirte a un amigo que quiera aprender lo mismo contigo.

2. Amplíe su experiencia de aprendizaje

Es súper guay escuchar la evaluación de uno mismo de la gente. Pero cuando se convierte en un hábito, hay que tener cuidado. No tienes que concentrarte en conseguir la aprobación de la gente que te rodea. No importa lo que piensen o digan sobre lo que usted hace. Canaliza esa energía hacia el aprendizaje. El aprendizaje debe ser su prioridad y seguir los procedimientos pacientemente. Tenga en cuenta también que la educación es un proceso, y puede que no sea tan fácil como cabría esperar. La experiencia de aprendizaje te mantendrá en marcha para lograr grandes resultados.

3. Referencia Debilidad

Debes saber de dónde viene el problema. Puede que sean desencadenantes o sólo tu comunidad de amigos. ¡Basta de excusas para el fracaso y el abatimiento! Acepta tu debilidad reconociéndola. Este será el primer paso para liberarse al mundo del crecimiento.

4. Estar abierto a diferentes eventualidades

Definitivamente vendrán desafíos, pero hay que estar preparado para ellos. Prepara tu mente para ver la bondad en cada dificultad. Aprenda a sopesar sus opciones. Considere siempre la posibilidad de utilizar el término "qué pasaría si". Usted podría haber decidido leer durante tres horas al día, pero parece inalcanzable. Haga preguntas y cuestione su rutina. ¿Qué pasa si no he estado siguiendo a mi guía? ¿Qué pasa si necesito ser más específico? ¿Qué pasa si necesito descansar? ¿Qué pasa si reviso mi dieta? ¿Qué pasa si leo sobre personas que han hecho lo mismo?

5. **Reflexione diariamente**

Usted debería estar a cargo de decirse la verdad. Tenga tiempo para meditar acerca de su curso de acción. Puede que le resulte interesante hacer esto por la noche cuando haya terminado con el trabajo del día. Analice los pensamientos que le han limitado a tener un desempeño inferior y cómo puede superarlos.

Capítulo tres: Cómo hacer el trabajo

La productividad implica muchas cosas, y una de las más importantes es conseguir que las cosas se hagan. Por muy fácil que parezca, muchas personas todavía tienen problemas para hacer las cosas en el momento adecuado y de una manera completa.

Aquí es donde entra en juego la comprensión de la productividad. Ser productivo es entender consejos y técnicas y saber cómo aplicarlos en consecuencia. La productividad funciona como un sistema, pero no entra en acción.

En este capítulo, los guiaré a través de algunos de estos factores que pueden ayudarlos a ser más productivos. Las técnicas y consejos que les revelaré producirán resultados viables para ustedes sólo si deciden usarlos.

11 técnicas Esenciales para Aumentar Su Productividad

Para entender las formas de construir la productividad, es necesario que uno entienda el significado de la productividad. Son muchos conceptos erróneos sobre el término, y si no se manejan, la esencia de este capítulo nunca se logrará.

En primer lugar, tenga en cuenta que la productividad no sólo consiste en marcar las casillas de la lista de tareas pendientes. Es más que eso. La productividad, en este sentido, consiste básicamente en conseguir que se hagan las cosas correctas en el plazo adecuado y de la manera más eficaz posible. Tener el sistema perfecto para ayudarle a aumentar la productividad es muy necesario tanto para su vida laboral como para su vida familiar. Definitivamente, usted se mantiene a la vanguardia cuando entiende los mecanismos que impulsan la productividad.

No más procrastinación

Los componentes básicos de la productividad son el establecimiento de objetivos realistas y el logro de los mismos paso a paso. Al final de la tarea, usted debería poder preguntarse: "¿He hecho algo significativo con el espacio de tiempo que se me ha asignado? Si la respuesta es afirmativa, entonces hay que felicitarlo. Has sido productivo.

Una de las principales razones por las que las personas fracasan en ser productivas es que tienen demasiadas cosas que hacer. Ser capaces de seleccionar las tareas correctas para ti y realizarlas, es una habilidad muy especial e importante que debes aprender. Hay muchas más técnicas que son muy importantes cuando se trata de ser más productivos, y voy a explicarles algunas de ellas. Siga estas técnicas de cerca y observe cómo la productividad da un gran salto en su vida.

1. La Matriz de Eisenhower

Definitivamente necesitarás un bolígrafo y papel para estas técnicas porque tendrás que dibujar un cuadrante. Los dos primeros cuadrantes en la parte superior de los cuatro cuadrados serán marcados como "muy importantes". Los dos siguientes de abajo serán etiquetados como "menos importantes". Pero los dos primeros cuadrantes del lado izquierdo se marcarán como "urgentes", mientras que los dos siguientes de la derecha se marcarán como "menos urgentes"."

Después de esto, puede empezar a ordenar todas sus tareas en las casillas. Hay algunos que caerán en la categoría de "muy importantes" pero "menos urgentes". Otros serán "muy urgentes" pero "menos importantes". "Se trata de entender cómo colocar cada tarea. Cada tarea que caiga en "muy importante" y "muy urgente" debe ser la que usted enfrentará rápidamente. Esos definitivamente tienen mucho peso. Por otro lado, los que caen en "menos urgentes" y "menos importantes" son los que se pueden dejar para más adelante. Asignar sus tareas en todas estas casillas le ayudará en la toma de decisiones.

2. La regla 80/20

La idea de la regla 80/20 proviene de un modelo de negocio. Lo que significa que el 80% de todas sus ganancias provienen de menos del 20% de sus clientes y socios comerciales. Con eso, es necesario que sepas cómo tratar este 20% para que se queden y te sigan proporcionando el 80% de tu beneficio.

Traiga eso a su vida diaria y vea cómo se traduce. Fíjese en que sólo unas pocas cosas que usted hace realmente tienen un gran impacto en su vida. Menos del 20% de sus actividades diarias son suficientes para tener una influencia real en su vida durante un largo período de tiempo. Sería lógico que se prestara especial atención a ese 20 %, de modo que se pueda generar un impacto más significativo.

3. **Las cinco áreas de especialización**

Este concepto fue desarrollado por el CEO de Stack Overflow, y sus conceptos animan a que una persona nunca debe tener más de cinco actividades en su lista de tareas por hacer en cualquier momento. Mantenga sus listas cortas y trate de lograr todo lo que está en la lista con un período corto de tiempo para que pueda agregar más actividades a la lista y seguir adelante. Deberías estar trabajando en al menos dos actividades de tu lista, las dos siguientes deberían estar en cola, y la última debería ser una tarea secreta que sólo tú conoces, algo a lo que debes haberte desafiado a hacer.

4. **Ejercite su cuerpo y mente**

El ejercicio libera su cuerpo y lo prepara para funcionar. El ejercicio en esta forma no sólo tiene que ver con el cuerpo sino también con la mente. Mientras que el cuerpo se beneficia del ejercicio físico, la mente se beneficia del ejercicio mental. El ejercicio mental le ayuda a abrir su mente y permitir que su imaginación se desborde, lo cual es muy beneficioso para su productividad.

5. **Un descanso le ayudará**

Algunas de las personas más productivas entienden el poder de los descansos. No sólo ayudarán a que su cuerpo se relaje y sienta nuevas formas de relajarse y hacer las cosas, sino que también le permitirán a su mente reorientar sus planes. ¿Ha notado cómo las mejores ideas llegan a usted cuando se ha olvidado por completo del trabajo? Sí, ese es tu cerebro trabajando por su cuenta, sin ser molestado por el estrés de tu mente persuasiva y ansiosa. En lugar de trabajar durante mucho tiempo, fije un temporizador y haga las cosas en pequeños pedacitos. Se acumularán en una gran historia de éxito.

6. Evitar la multitarea

Hay personas que han optimizado sus cuerpos y mentes para la multitarea. Es bastante fácil para ellos. Eso rara vez es habilidad. Nadie dice que no puedes aprenderlo, pero no juegues con él todavía. Tómate tu tiempo para estudiarte y descubrir lo bueno que eres con la multitarea. Lo más probable es que no seas muy bueno, así que lo mejor es que no te aventures allí. Nada mata la productividad más rápido que una persona que intenta hacer varias tareas a la vez. Y en el sentido real de las cosas, la multitarea es una forma de distracción. Su mente permanece dividida durante todo el proceso. Concéntrese en un trabajo a la vez y vea hasta dónde puede llegar con eso.

7. Ama las cosas que haces

Esto no es fácil de hacer, especialmente para las personas que se han encontrado en trabajos con los que no están contentos. Si no eres feliz, significa que no amas lo que haces, lo que te lleva a la frustración. Si no estás contento, es mejor que te vayas y encuentres algo que te dé satisfacción. La verdad es que difícilmente puedes ser productivo haciendo algo que no amas. Si lo amas, tu mente ya no lo verá como trabajo, y te será más fácil realizar dichas tareas.

8. Estrangula tus distracciones

Deshacerse de las distracciones flagrantes es la clave para aumentar la productividad. Cada entretenimiento en su vida está ahí para reducir su nivel de productividad. Una vez que usted entienda esto y trate con ellos directamente, será más fácil superarlos a medida que lleguen. Dígale a su mente que se concentre en lo esencial y que no mire de reojo a lo que no es esencial. Lo curioso es que tu mente te obedece y le gusta terminar las tareas pendientes.

Encuentre un lugar tranquilo donde pueda trabajar, un lugar donde esté seguro de que no se distraerá. Este es el primer paso para lidiar con las distracciones. Si usted ha creado una lista, entonces dígase a sí mismo que no habrá diversión para usted hasta que haya logrado más o menos tres cosas en esa lista. Dividir nuestras tareas en partes más pequeñas siempre ayuda.

9. Completar las tareas más importantes a primera hora de la mañana

El mejor momento para completar sus tareas más intimidantes es temprano en la mañana cuando su mente está más vibrante y lista para realizarlas. No posponga su tarea hasta que se haga tarde, y entonces se encontrará apresurando la tarea para completarla. Empiece antes de que su mente comience a aflojar y observe su progreso incluso antes de que el día transcurra a mitad de camino. Completar las actividades más agotadoras temprano en la mañana le dará a su mente y cuerpo una especie de empujón positivo para seguir esforzándose más.

10. Crear un programa

No te precipites sin un plan. Un horario le ayudará a agilizar sus actividades y a mantenerlo más enfocado mientras ayuda a eliminar las distracciones. Pero no olvide crear tiempo para el descanso y el placer en su horario. De lo contrario, nunca será viable. Tómate horas enteras para calmarte y reponer tu mente.

11. Recompénsese a sí mismo

No más procrastinación

Si ha logrado algo que lo califica como productivo, entonces debe recompensarse a sí mismo. Su recompensa puede venir en cualquier forma, pero asegúrese de que sea algo que disfrute, algo que se agradezca a sí mismo. Tener las recompensas establecidas te dará algo que esperar para pedirte que intentes completar la tarea lo más rápido posible.

10 secretos detrás de la productividad según los multimillonarios del mundo

No hay mejor lugar para recibir consejos que el de los mejores de los mejores, algunas de las personas más productivas del mundo son multimillonarios. No es fácil controlar tu entorno, pero puedes aprender a hacerlo, y esto es algo en lo que los multimillonarios son muy buenos haciendo. Deberías sentarte e intentar aprender de ellos.

El mundo tiene más de 1500 billonarios, y la mayoría de ellos son bastante efectivos en la gestión del tiempo y la productividad. No te lo tomes a mal. Esta gente vive el mismo tipo de vida que tú. Reciben miles de correos electrónicos cada día que requieren ser clasificados. Tienen miles de empleados en sus nóminas, y también tienen que tomar muchas decisiones todos los días. ¿Alguna vez se ha preguntado cómo se las arreglan para mantenerse en la cima y lograr tanto en tan poco tiempo? ¿Cómo eligen las cosas que son importantes y las que se pueden dejar para más adelante? Son hombres y mujeres que han construido sus sistemas de riqueza de tal manera que reciben más de 5.000 dólares al día. Y la productividad es algo con lo que no bromean.

Aquí están algunos de los puntos más destacados que enumeraron como algunos de los más importantes:

1. No tienes que estar en todas partes

El difunto Steve Jobs declaró que para aumentar su productividad, pasaba mucho tiempo racionalizando el número de reuniones y lugares en los que tenía que estar al día. Algunos otros multimillonarios declararon que no hay necesidad de asistir a una reunión o de estar en un lugar si estás seguro de que no vas a ganar mucho dinero con ello. Es más importante que usted delegue a alguien para que vaya en su nombre en lugar de presentarse en el lugar de la reunión. La mayoría de los multimillonarios de alto perfil han descrito la mayoría de las reuniones como una pérdida de tiempo con la gente hablando de cosas irrelevantes.

2. Simplifique su calendario

Su calendario aquí se refiere a su horario. La mayoría de los multimillonarios aconsejan que la gente aprenda a mantener su calendario simple y descongestionado. En lugar de tener cientos de cosas que hacer en una semana, trate de escoger unas pocas que se puedan hacer en esa semana y deje el resto para la semana siguiente. No es bueno tratar de llenar tu horario con muchas cosas y no lograr ninguna de ellas a largo plazo.

3. Identifique el lugar donde se desempeña mejor

Todos somos diferentes, y todos tenemos diferentes psicologías. Debido a esto, las áreas en las que tenemos más probabilidades de rendir mejor difieren de una persona a otra. Encuentra tu lugar y apégate a él. ¿A qué hora del día se desempeña mejor? ¿Cómo debe ser un entorno antes de entrar en la zona de trabajo? Para algunas personas, un ambiente ruidoso es el lugar ideal para trabajar. Para otros, será un ambiente silencioso y muy aislado donde entrarán en contacto con muy pocas personas.

Una vez que averigüe qué es lo que mejor funciona para usted, constrúyalo y mejore ese entorno. Algunos multimillonarios tienen salas de pensamiento incorporadas en sus casas donde se sientan y piensan durante horas y horas; otros viajan a lugares muy apartados donde pueden comunicarse mejor consigo mismos. Y todo esto produce resultados maravillosos para diferentes individuos, especialmente cuando se practican de la manera correcta.

4. Concéntrese en las metas más importantes

Hay metas, y hay METAS. La clave aquí es no permitir que otros objetivos menos importantes le impidan alcanzar los principales objetivos importantes. Las personas que logran mucho saben cómo establecer las metas más importantes y enfrentarlas como si sus vidas dependieran de ello. Esto no quiere decir que ignores tus otros sueños. En su lugar, manténgase enfocados en los grandes, aquellos que tendrán el impacto más positivo en su vida en el menor tiempo posible.

5. ¿Qué tan bien lo estás haciendo?

Los multimillonarios son personas a las que les encanta seguir su proceso en cualquier proyecto. Nunca se hace nada porque sí. Ellos viven su vida intencionalmente y aman seguir todas esas intenciones y ver el éxito. Se aconseja que cree métricas con las que pueda utilizar para determinar el nivel de rendimiento. Sus métricas pueden ser el uso de un pequeño libro para escribir todo lo que logre o el uso de software o aplicaciones que le ayuden a rastrear el proceso. Con un proceso totalmente controlado, usted podrá ver y mejorar sus resultados.

6. Aproveche a todas las personas que le rodean

Las personas que te rodean son algunos de tus recursos más importantes. Los multimillonarios siempre han aconsejado a la gente que sea más consciente de las personas que los rodean. Si usted es el tipo de persona a la que le gusta trabajar por su cuenta y dejar fuera a otras personas, entonces debería aprender a hacer algunos ajustes en su vida. Siempre hay gente alrededor que puede hacer su vida más exitosa, y usted debe maximizarla. Los multimillonarios básicamente reportan que reclutan gente para ayudarles a alcanzar sus sueños e ideas. Llegar a utilizar a la gente es crear más tiempo para ti mismo. El trabajo se hace más rápido en menos tiempo. El mayor problema está en encontrar gente competente; pero una vez que pueda escalar eso, tendrá el tiempo más productivo de su vida.

7. La tecnología está ahí para usted

Los multimillonarios de renombre en todo el mundo son conocidos por su amor por la tecnología. Mira lo que Facebook hizo por Zuckerberg. Mira a Steve Jobs, Bill Gates y otros seleccionados. A veces la tecnología es su mejor opción. La tecnología lo hace más fácil y rápido.

La automatización puede funcionar en cualquier negocio siempre y cuando usted pueda descubrir una manera de introducirla en su negocio para ayudarle a trabajar mejor. Todo lo que tiene que hacer es asegurarse de que ya tiene un sistema de trabajo eficiente antes de incorporar la tecnología a su trabajo. Si no es así, puede que termines confundiéndote y no logrando nada.

8. Cree hábitos que ayuden a su productividad

Los multimillonarios son gente de práctica; saben cómo construir hábitos positivos que les ayudan a ser más productivos. Algunos de ellos son conocidos por ser personas que madrugan; otros, por ser animales nocturnos. Los multimillonarios saben cómo desarrollar los hábitos perfectos para ayudarles a ser más productivos.

9. Fijar el tiempo para el trabajo más importante

Recuerde que la actividad no es igual a la productividad. No te dejes ahogar por el ajetreo de la vida. Debe haber un tiempo fijo en el que usted lleve a cabo la mayor parte de sus actividades. Los multimillonarios productivos saben que hay que reservar un tiempo especial para realizar los trabajos más importantes. Durante este tiempo, no habrá llamadas, ni correos electrónicos, ni internet. Sólo tú y el trabajo estarán frente a ti.

10. Reconozca sus oportunidades

Los billonarios productivos tienen los ojos más adecuados para calcular las mejores oportunidades que deben ser maximizadas. Estarás tentado a tomar todas las oportunidades viables que se te presenten, pero no todas las oportunidades son para ti. Tómese su tiempo para revisar todas las oportunidades que se le presenten y encontrar las que mejor se adapten a sus habilidades y personalidad.

5 estrategias de gestión del tiempo para hacer más en menos tiempo

Hay algo sobre el manejo del tiempo que usted necesita saber: El tiempo no se puede gestionar. En su lugar, sólo puede gestionar los eventos que ocurren dentro de un período de tiempo, dando la ilusión de que se ha gestionado el tiempo. A cada uno de nosotros se nos ha proporcionado la misma cantidad de tiempo, que es de 24 horas al día y 7 días a la semana, y así sucesivamente. Entonces, la pregunta ahora es, ¿cómo puede encajar todas sus actividades en este período de tiempo para que usted salga con la máxima satisfacción y siga siendo productivo?

Con este entendimiento, también es necesario que usted note que el tiempo es también una mercancía. Se puede vender y comprar. También se puede presupuestar, y se puede usar con sabiduría y sentido común. Otra cosa es que la gestión del tiempo es un arte que se puede dominar.

Las estrategias de gestión del tiempo se ven afectadas por diferentes factores cuando son aplicadas por diferentes individuos. La personalidad, la voluntad de logro y el nivel de disciplina son algunos de los factores que pueden afectar la capacidad de una persona para manejar el tiempo. Estas estrategias han sido probadas a lo largo del tiempo para ayudar a las personas a administrar su tiempo. Practíquelos y observe cómo cambian su vida.

1. **Organícese**

La desorganización y la mala gestión del tiempo van de la mano. Donde uno está presente, el otro se manifiesta. Deshazte de cualquier forma de desorden que pueda haber asediado tu vida para que el tiempo sea gastado más sabiamente.

Hay maneras sencillas de lograr la organización y una vida decadente. Hay miles de recursos en Internet que pueden ayudarle, pero la manera más sencilla de salir es aprender cuándo dejar ir las cosas. Sepa qué guardar y qué dejar. Tenga en cuenta que el desorden al que se hace referencia no sólo tiene que ver con el desorden físico diario. También está el desorden mental y el desorden digital. Todos ellos tienen una forma de ralentizarlo y reducir su capacidad para manejar el tiempo.

Para deshacerse del desorden mental, asegúrese de que su mente se mantenga clara tanto emocional como psicológicamente. Una mente inestable es una distracción, que a su vez te priva de la concentración. El desorden digital, por otro lado, mezclará sus archivos, lo que le hará pasar horas buscando un documento. Trata con todo esto individualmente y regresa tu vida a la estabilidad.

2. Identificar y tratar con los que pierden el tiempo

La gestión de la productividad y el tiempo se ve afectado por una gran cantidad de factores externos controlados por las personas y las circunstancias de la vida en un momento dado. Estos factores son algunas de las principales causas de pérdida de tiempo, ya que tienen una forma de afectarle sin su conocimiento. Todo lo que pasa es que con el tiempo, descubres que te has perdido algo en alguna parte. Pero usted tiene el poder de aumentar o disminuir su efecto de tal manera que ya no son capaces de perder su precioso tiempo. Algunos de estos factores que usted debe tener en cuenta incluyen:

- Visitantes o invitados no invitados
- Mensajes de correo electrónico y cartas sin importancia que deben ser contestadas
- Internet (medios sociales)

- Relaciones
- Pequeños placeres

3. ¿Vale la pena tu tiempo?

Tómese unos minutos y trate de hacer un balance de su tiempo. ¿Cuánto vale para ti? Si vale algo, ¿cómo puede traducirse en productividad? Una vez que haga esto, usted encontrará por sí mismo un sentido de comprensión de que su tiempo debe ser gastado sabiamente debido a su valor. Cuando no se identifica el valor de una cosa, es fácil que se abuse de ella y se haga un mal uso de ella. Cree valor para su tiempo y no permita que ese valor se reduzca nunca. Si va a distraerse durante 15 minutos, debería poder determinar cuánto ha perdido durante esos 15 minutos. Con eso en su lugar, usted será capaz de organizar su mente y conseguir que usted mismo actúe.

4. Cuídese a sí mismo

Cuidarse a sí mismo es una de las principales formas de evitar perder el tiempo. Tómese un tiempo para relajar su cuerpo, su mente y su alma. Mantener su cuerpo y mente en su mejor forma le ayuda a realizar las tareas incluso más rápido de lo normal. Averigüe a qué hora del día su cuerpo se desempeña mejor y maximice esos períodos de la mejor manera posible.

El mal manejo del tiempo puede manifestarse como resultado de la fatiga corporal y la enfermedad. La depresión también puede causar que usted posponga actividades importantes, y es por eso por lo que su salud mental también debe ser revisada de vez en cuando. Tómese un tiempo para descansar su mente y recompensarse siempre que esté seguro de que ha logrado algo notable.

Debe haber un equilibrio saludable en su vida entre su trabajo y su familia. No puede haber ninguna forma de productividad real sin este equilibrio. En cambio, usted pasará mucho tiempo pensando que es productivo en el trabajo mientras su vida personal experimenta el fracaso.

5. Un necesario sentido de urgencia

Tener un sentido de urgencia es entender que no hay espacio para perder el tiempo. Es entender que la velocidad es necesaria cuando se presenta una oportunidad. Desarrollar la capacidad de tomar medidas y de tomarlas rápidamente. Una cosa es tomar la acción correspondiente y otra es tomarla antes de que sea demasiado tarde. Una cosa que diferencia a los que logran sus objetivos de sus opuestos es su capacidad para tomar las medidas adecuadas en el momento adecuado.

Capítulo cuatro: Agudizar el enfoque

La conciencia es algo que hay que recordar cuando aprendemos a concentrarnos, ya sea en objetivos personales o en tareas asignadas. Es una de las herramientas que los líderes consideren para lograr una participación masiva de éxito. El comienzo de esta conciencia posiciona a los líderes para dirigir la atención de las personas que los siguen. Para sostener este crecimiento, el líder debe enfocarse en su cuidado.

Primero debemos saber que enfocarse va más allá de filtrar las alternativas mientras se presta atención a una. Uno podría concentrarse de diversas maneras y para diferentes propósitos para seguir un curso disponible. Ser un líder aquí no significa necesariamente que usted lidere en una posición de autoridad, y no es empujado a la idea de serlo. Nuestra prioridad es asegurarnos de que usted lleve una vida adecuada para sí mismo.

Recuerda que hay un mundo más grande al que prestar atención; esas cosas que te conectan con el mundo. La gente que te sigue (compuesta por personas con las que trabajas o para las que trabajas, por las que eres mentor y por las que eres responsable) también merece atención, y por último, a ti mismo.

Los problemas de los que usted se queja a menudo pueden provenir de la distracción, o tal vez de la multitarea. Con cosas que van desde reuniones hasta el horario de trabajo, revisiones y presentaciones consecutivas, y finalmente de nuevo a la supervisión, observe cómo cada día se ha convertido en una montaña de trabajo. Y apenas podías tener tiempo para ordenar tus pensamientos. Este programa sería razonable si usted está 100% seguro de su tasa de éxito y podría no necesitar un replanteamiento. Pero a la larga, puede que te desmorones mental y físicamente.

14 EJERCICIOS PARA DESARROLLAR UN ENFOQUE AGUDO COMO UNA NAVAJA DE AFEITAR

Comencemos con esas pequeñas tareas diarias que a menudo consideráis de poca importancia. Espere ver un cambio a medida que realiza los ejercicios con el máximo valor. Este será el gran avance para sostener el éxito de las actividades.

1. **Conozca su estructura de trabajo**

   Aumente su tasa de enfoque al entender los detalles del trabajo. Haga preguntas sobre lo que no esté claro. Reúnase con su supervisor o su superior directo y haga aclaraciones. Es posible que desee solicitar un registro de una tarea de este tipo que ya se haya realizado anteriormente.

   Su enfoque ahora será más preciso, ya que puede comprender cada fragmento de sus horarios de trabajo.

2. **Arregle su escritorio**

   Este ejercicio se ocupará de todas las distracciones que puedan surgir del desorden. Imagine que su mesa está llena de informes incompletos, documentos de seminario, actas y otros documentos oficiales relevantes. Lo que pasa es que cada vez que los ves te da ansiedad y preocupación. El miedo tiende a arrastrarse.

   Arregla o reordena tu escritorio según sea el caso. Mantenga los documentos en su orden de prioridad y gane algo de paz para su mente. Esta acción le permitirá ser consciente de lo que es más significativo en este momento, y serán conscientes de ello.

3. **Estire su cuerpo**

La capacidad mental no está aislada de nuestros componentes físicos. Sus manos, piernas e incluso cuello juegan un papel importante en la mejora de su nivel de productividad. Nótese que no estoy negando otras partes de su cuerpo; tampoco subestimo sus funciones. Nuestra atención aquí es el papel que cada una de las partes de su locomotora juega en la revitalización de su cuerpo.

Practique girar los dedos uno tras otro en el sentido de las agujas del reloj. Usted necesita ser cuidadoso y gentil con este ejercicio para no lastimarse. Continúe la rotación durante cinco minutos y preste atención al movimiento constante que está haciendo. Fijen su mente en todo lo que noten, desde el sonido de las dos primeras rotaciones hasta el flujo desigual del hueso de la punta. Usted podría ver sus venas y cómo su muñeca tiende a moverse con el dedo que gira. Tómese su tiempo para hacer esto con todos sus dedos, con su mente enfocada en el movimiento.

Usted podría extender esta práctica a su mano también. Estire y mantenga la mano quieta durante unos 12 segundos y fije la mirada en el brazo extendido. Es posible que usted también quiera probar estirar otras partes de su cuerpo. Sólo asegúrate de prestar atención a todo lo que haces.

4. **Un estudio de tres minutos de un insecto**
Los insectos están en casi todas partes. Los buenos lugares para disfrutar de este ejercicio serán en su jardín y en un parque. Camine hasta un parque y siéntese debajo de un árbol. Mira de cerca la corteza del árbol. Seguramente verás un insecto. Puede ser en el césped o en las ramas de una flor/planta.

Acérquese al árbol o a la planta pero no demasiado; asegúrese de mirar a su alrededor para no molestar a otros insectos. Estudiar el movimiento de los insectos. Ponga mucha atención al lugar donde comenzaron su viaje. Usted podría tener la suerte de verlos llevar partículas (si caminan con sus amigos y vecinos) de un lugar a otro.

Su enfoque mejorará si usted puede escoger un insecto de entre muchos y usar su vista para monitorearlo durante 3 minutos. Este período de atención puede parecerle largo debido a su movimiento, semejanza, estructura corporal y color.

5. **Estudio de la botella de colores**
   Todo lo que necesitas para este ejercicio son botellas de diferentes colores. Puedes tener una mezcla de frascos de plástico y cerámica. Colóquelos en una mesa y cree una pequeña distancia de ella. Míralos fijamente todo lo que puedas. Comience con tres colores diferentes que pueden ser una mezcla de sus favoritos. Usted podría tender a enfocarse más en un color que en otros; su objetivo es estar atento a un color específico. Cuanto más conozca la botella de su elección, más se fortalecerá su enfoque.

   Siempre que tu mente se aleje de tu tarea, trata de traerla de vuelta lo más rápido posible. También puede anotar los pensamientos que pasan por su mente durante el proceso de este ejercicio.

6. **La música jazz**
   El género de esta música puede no ser su elección, pero escucharlo le ayudará a aumentar su nivel de enfoque. Observe que hay una suave combinación de instrumentos musicales para este tipo de música. Su atención debe estar en el tiempo de cada uno de los instrumentos utilizados.

   Tu primera tarea es entrar en el ritmo. ¿Cómo te hace sentir la música? Su entorno actual no es su preocupación por ahora, y es por eso por lo que será mejor que haga este ejercicio a puerta cerrada. Lo siguiente que hay que hacer es canalizar tus emociones hacia tus pensamientos. Para hacer esto, traiga sus sentimientos para alinearlos con sus ideas a través de la música. Hay una emoción que sigue al piano, mientras que la batería también es diferente. Sólo fluye con la música y no te alejes.

7. **Ejercicio de olfato**

Este ejercicio funcionará bien para aquellos que tienen un fuerte sentido del olfato. Pero no deja fuera a todas las demás personas. Cada vez que haya un olor fuerte, trate de ser un detective. Esfuércese por rastrear de dónde viene el olor. Puede ser el olor de un café, un perfume, una flor o incluso una comida. Deje que su cerebro interprete el aroma y disfrute de la sensación que le brinda. Se puede ir más lejos para conocer la intensidad, como en el caso de los alimentos. Es posible que desee determinar si la comida está hirviendo o quemándose.

8. **Informe de la película**

Tu tipo de película favorita puede ser romántica o de acción. Su enfoque en el cine debe ser en qué tan bien puedes contarle a otra persona sobre la parte más emocionante. Si puedes hacer esto con éxito, entonces muévete un paso más arriba convirtiéndote en la película de la que hablar con un amigo. Hacer esto requerirá una atención más seria que la película. Usted es tanto el actor como el director aquí. Se le pedirá información detallada y específica sobre todo lo que hace y cómo lo hace. Este ejercicio le permitirá comprender sus acciones y lo más probable es que exponga la intención que hay detrás de ellas.

9. **Sienta su pulso**

No se necesitará ninguna herramienta para llevar a cabo este ejercicio. Para que usted tenga éxito en este caso, primero necesita monitorear cómo respira. Ponga atención en cómo inhala y exhala. ¿A qué ritmo? ¿Y en qué condiciones respiras rápido o lento? Usted podría notar que cuando está un poco ansioso, su respiración cambia en comparación con cuando está seguro de sí mismo.

Estar en una posición cómoda, ya sea en el suelo o en una silla. Asegúrese de que su cuerpo esté relajado. Respira lenta pero profundamente y comienza la experiencia. Concéntrese en el sonido sutil de su pulso y respire. Es posible que también quiera experimentar la lentitud con la que se expande su pecho.

La atención prestada al principio podría no ser tan perfecta pero no seas duro contigo mismo. Hágalo repetidamente y disfrute de la tranquilidad que acompaña el patrón de pensamiento natural de este ejercicio.

10. Vea con los ojos cerrados

Como el ojo es el órgano que da la vista, es la puerta más accesible a la mayoría de las distracciones. No necesitamos arrancar esos ojos para dejar de verlos. Pero también podemos confiar en ellos para reforzar nuestro enfoque.

Vaya a un lugar público pero con poca gente alrededor, cierre los ojos y concéntrese en sus sentimientos. Si tienes éxito en combinar bien tus emociones, da un paso más en este ejercicio yendo a donde hay una multitud. Fíjese en los sonidos que le rodean: los pasos, el canto y la charla. ¿Aún puedes concentrarte en tus sentimientos? Si la respuesta es afirmativa, intente comprender lo más posible lo que está sucediendo a su alrededor. Una vez que llegas a este nivel, tu atención se ha incrementado a un nivel definitivamente alto.

11. Escucha de forma Consciente

Este ejercicio es similar al reportaje de la película, sólo el grupo de amigos involucrados es diferente. Hable con sus amigos acerca de tener una discusión de corazón a corazón. Será interesante si tienes una mezcla de hombres y mujeres.

Agrúpense en grupos de dos personas de sexos opuestos y formen un grupo de escucha. Asegurarse de que haya un coordinador que supervise este ejercicio. Discuta cualquier tema que todos ustedes estén de acuerdo en conversar sólo con amigos. Cuando su pareja haya terminado, cambie de papel y sea la que escuche. El tiempo será necesario para este ejercicio, digamos cinco minutos. Cuando el grupo termina sus primeros diez minutos, el coordinador anuncia que ambos compartan la historia del otro tal como la escucharon. Asegúrese de usar la palabra exacta, la frase y, posiblemente, el gesto tal como se le dijo. Haga que la historia de su pareja parezca personal para usted.

Al final de la sesión de cada uno, el coordinador permite que cada uno comente su experiencia. Al final de este juego, todo el mundo habrá sido capaz de lograr algún nivel de atención reforzada.

12. Comer Conscientemente

Comer conscientemente no significa comer por impulso o alimentarse, influenciado por las emociones. Implica la conciencia necesaria al comer sus comidas diarias. Y puesto que la comida es esencial para nuestras necesidades nutricionales diarias, podrás disfrutar más de la comida prestando atención. La satisfacción vendrá cuando usted tenga una comprensión de por qué come. La idea de la razón debe estar lejos del hambre. Se trata de construir una relación con la comida.

Comencemos con el proceso de cocción y el olor que le acompaña. Tal vez no has estado lo suficientemente consciente como para absorber los sentimientos asociados a la "precocción y la pre-comida". Su objetivo al comer no debería ser tragar. ¿Qué hay del colorido, la guarnición y el arreglo de los cubiertos?

Disfrute de su próxima comida tomándola en trozos. Muerda, mastique constantemente la comida, y permítase experimentar la sensación de cada cuchara. Mientras come, usted puede preguntarse si la emoción que lleva consigo es la correcta. No coma porque todos parecen estar comiendo en ese momento. Es probable que haya estado haciendo esto antes, pero es posible que no le guste este ejercicio si eso es lo que le motiva a comer. Recuerde que nuestro objetivo para este ejercicio es poder concentrarnos en cada detalle de lo que come.

13. Sentarse y pararse conscientemente

A menudo lo hacemos sin tener en cuenta la frecuencia con lo que lo hacemos. Enfoque su atención a sus actividades diarias. Sentarse y pararse podría aumentar la capacidad de enfoque del láser. Es probable que uno se levante y descanse muchas veces en un día sin darse cuenta de ello.

Puedes crear conciencia al hacer lo mismo, estar a cargo de la decisión de ponerse de pie o sentarse. Puede que al principio no suene fácil, pero vale la pena intentarlo, y puede que incluso lo recuerde después de haber caminado unos metros. Una vez que registres esta conciencia como un nuevo vocabulario en tu mente, te verás a ti mismo familiarizándote con ella.

14. Ejercicio de conteo de palabras

Pruebe este ejercicio con su libro, revista o periódico favorito. Comience con cinco párrafos y léalos. Después de haber absorbido el contenido, comience el conteo de palabras. Cuente cada palabra desde el primer párrafo hasta el último y repita el proceso en orden descendente. Será esencial que anote cada palabra que cuente. Guarde en la memoria el uso, la función y la intención. Cuanto más haga el recuento, más consciente será de las palabras.

También puede comprometerse para tener en cuenta el número de palabras de cada párrafo. Cuando esté seguro de sus logros en cinco secciones, puede pasar a 10, 20 o incluso a un capítulo entero.

El vínculo crucial entre el cerebro y el vientre

Un factor crucial que considerar cuando se piensa en un estilo de vida saludable es la comida que se toma. Los beneficios tradicionales de los alimentos van desde los medicinales hasta los nutricionales; es la acumulación más considerada de la solidez general del cuerpo. Como se dice: "Tú eres lo que comes".

Se prescriben comidas individuales a los pacientes en función de su enfermedad, imperfecciones y síntomas. Y esto ha demostrado ser eficaz con el tiempo. Además de los factores genéticos, la alimentación tiene la capacidad de cambiar el nivel de crecimiento de los individuos. Un ejemplo será una comparación entre niños bien alimentados y niños desnutridos.

Existe una conexión entre nuestro nivel de productividad y los alimentos que consumimos. Usted estaría de acuerdo en que no comer adecuadamente tiene una manera de decir sobre el cerebro. Recuerda cuando estás hambriento. El único pensamiento que llena tu mente es el consumo de comida. Esta sensación no es extraña porque se ha comprobado que la presencia o ausencia de alimentos regula su actividad, su estado de alerta, su energía y su disposición. Cuando tienes hambre, tu capacidad de concentración se ve reducida y tu estado de ánimo no será el mejor.

Tu cerebro sufre cuando tienes hambre porque no puede funcionar a su máximo potencial. Usted no podrá concentrarse en una tarea; e incluso cuando lo haga, lo más probable es que no sea excelente porque su nivel de azúcar en la sangre no está regulado.

1. **Almendras**
   Contiene fibra y proteína, que se sabe que aumentan la sensación de saciedad. Comer esta nuez le permite consumir menos calorías al día. También tiene un antioxidante llamado ácido fítico que protege contra el estrés oxidativo. Asegúrate de consumir la capa marrón de la piel
2. **Salmón**
   La presencia de un alto contenido de ácidos grasos omega-3 es lo que hace que el salmón sea capaz de aumentar la memoria y el rendimiento mental. Un suplemento de aceite de pescado también puede lograr resultados óptimos para la depresión.
3. **Té verde**
   Este té natural contiene L-Tianina. Esta propiedad es un componente que aumenta la calma y la tranquilidad. Funciona perfectamente con otra parte llamada cafeína al hacer que se libere constantemente. La cafeína aumenta la concentración y el estado de alerta. Usted puede permanecer activo todo el día cuando lo disfruta en su forma pulverulenta.
4. **Plátanos**
   El plátano contiene glucosa que libera energía al cuerpo. Comer un plátano al día complementará la necesidad diaria de glucosa. También es excelente como un alimento entre comidas, ya que te llenará. Puede probarlo con un cacahuete para un tentempié. La presencia de pectina en el plátano regula el nivel de azúcar en la sangre y reduce el apetito al reducir la vastedad del estómago.
5. **Huevos**

Un huevo contiene una abundancia de grasa Omega-3 y una vitamina B llamada colina, entre otros nutrientes. Trabaja para mejorar los sensores mentales reactivos y también eleva la lipoproteína de alta densidad que está conectada para reducir las posibilidades de muchas enfermedades.

El nutriente en el huevo aparece más porque una de sus calorías es más alta que la mayoría de los alimentos. Estos nutrientes pueden ayudar a mantener el hambre alejada durante un período prolongado.

6. **Arroz Integral**

El magnesio presente en el arroz integral alivia el estrés y aumenta la productividad. A diferencia del arroz blanco, la energía presente se libera lentamente para acumular cada vez más energía a lo largo del día. El beneficio para la salud está contenido en su forma de grano entero. Otro componente fantástico es el bajo índice glucémico. El índice glucémico muestra la rapidez con la que una comida eleva el nivel de azúcar en la sangre de una persona. El arroz integral está clasificado como un alimento con IG promedio, lo que lo hace fácil de consumir.

7. **Chocolate negro**

Una vez que la concentración de cacao es de 70 por ciento o más en el chocolate, entonces el valor nutricional es algo que hay que celebrar. Los flavonoides que se encuentran en el chocolate así como en otras frutas y verduras tienen propiedades antialérgicas, antiinflamatorias y antitumorales. Los flavonoles también reducen el riesgo de enfermedades cardíacas, cáncer y deposiciones. Busca reducir la presión arterial y ayuda en el flujo sanguíneo, dejando su cuerpo activo todo el día. Una vez que su corazón esté perfecto, su cerebro no tendrá ningún problema para funcionar.

8. **Arándanos**

Los arándanos son conocidos por sus propiedades antioxidantes que combaten las enfermedades, así como por ser capaces de detener la hinchazón abdominal. El beneficio oculto de esta fruta es que mejora la capacidad cognitiva. Tu cerebro está listo para el día con esta fruta.

5 maneras de desarrollar una autodisciplina inquebrantable

El aprendizaje no se detiene al momento de hacer, sino que continúa hasta que el comportamiento sea personalizado. Usted no aprobaría el conocimiento de un niño hasta que se convierta en parte de su estilo de vida. Por ejemplo, después de que un niño ha aprendido a asearse en la escuela pero todavía llena su habitación con juguetes, usted estará de acuerdo en que no ha aplicado el conocimiento a su vida diaria. La afirmación podría no ser correcta si mantiene una sala limpia durante la primera semana de aprendizaje pero no continúa después de las siguientes semanas. No se debe a la falta de memoria; se debe a la falta de deseo, impulso y motivación para persistir. En general, podemos decir que no es lo suficientemente disciplinado como para continuar.

La autodisciplina implica todo esfuerzo por controlarte a ti mismo. Esta definición puede sonar vaga ya que usted siente que siempre ha estado a cargo de sus decisiones. Puede que sea correcto, pero ¿qué pasa con tus impulsos, emociones y sentimientos? Esas son las grandes cartas de tus éxitos y fracasos, dependiendo de lo bien que hayas dominado el juego. La capacidad de comprometerse conscientemente a cumplir con sus objetivos independientemente de los diferentes sentimientos puede ser llamada autodisciplina.

A estas alturas, ya debes haber mejorado tu nivel de concentración. Mantener este logro es la razón por la que la autodisciplina es necesaria, ya que esto formará otro hábito en ti. El proceso no será rápido, pero seguramente ayudará a su nivel de productividad y mantendrá cualquiera de sus comportamientos positivos aprendidos.

Comenzará con un enfoque constante para analizar cuidadosamente lo que usted hace en línea con el proceso de mejorar. Por ejemplo, probar el ejercicio de escucha consciente le permitirá adaptarse a las condiciones cambiantes de los diferentes sonidos de su entorno, y le permitirá fluir con las circunstancias sin afectar su atención (su ser interior).

Una comprensión aguda de este tema le ayudará a lograr un resultado excelente para mantener un enfoque de primera clase, vencer la pereza y derrotar la dilación. Tome en serio los siguientes aspectos de la autodisciplina sostenida:

1. **Identificar y analizar sus desencadenantes**

   Colocarse en una zona segura no sólo es necesario cuando se trata de una tarea peligrosa, sino que debe ser natural. Nuestro casco aquí es para mantener la autodisciplina y para identificar los desencadenantes que causan la distracción. Esta acción no sólo tiene por objeto lograr el éxito por sí sola, sino también profundizar hasta la raíz para medir la causa de su fracaso reiterado. ¿Qué causa que usted pierda el enfoque? ¿Cuáles son los factores que le empujan a realizar la tarea en el futuro?

   Haga una evaluación adecuada de esos elementos y sea sincero en la medida de lo posible. Lo mismo ocurre con los desencadenantes que aumentan su nivel de productividad. Es posible que el mismo factor contribuya tanto al aumento de la productividad como a la dilación. Por ejemplo, su pareja en su lugar de trabajo podría inspirarle a hacer más a través de su actitud implacable hacia el trabajo y, al mismo tiempo, convertirlo en un adicto al mundo digital.

   Una vez que tenga claros los factores desencadenantes, proponga alternativas. Trate de escribirlas. Puede hacerlo de la misma manera en que usted escribe su lista de cosas por hacer. Cree otra lista de no hacer para contrarrestar esos problemas. A través de este enfoque, no te verás a ti mismo cayendo en el mismo pozo una y otra vez.

2. **Esté seguro de su propósito**
   Se requerirá un fuerte deseo de ganar para mantener un curso de autodisciplina inquebrantable. Haga una serie de preguntas. ¿Por qué quiero leer un capítulo de un libro al día? ¿Por qué debo comer cereal una vez cada dos días? La autoconciencia es necesaria para mantenerte en marcha. Analice sus sentimientos y emociones para asegurarse de que no está jugando con ellos. Tenga claro que su comportamiento pre aprendido no se basa en una suposición temporal o está influenciado por el ritmo del momento.

3. **Construya un Bloque de Motivación**
   Cree un sistema que alimente continuamente su pasión por el compromiso. Podría ser un ambiente competitivo en el que usted pueda trabajar mejor o superar a los demás. Ya que puedes medir tu progreso con colegas que trabajan duro, tu progreso estará en el buen camino.
   Otro bloque de motivación puede ser la introducción de una herramienta de recompensa y castigo. La herramienta de recompensa podría ser comprar un artículo para usted cada vez que alcance o supere un objetivo. También podría ser tomar un tiempo muerto para divertirse. Usted podría pensar en pagarle a un amigo una suma de dinero acordada como su herramienta de castigo. Sólo asegúrate de que tu motivación te mantiene en marcha.

4. **Elija un modelo**
   Mira hacia el mundo exterior para mantenerte en el buen camino. Busca a alguien que haya estado en el camino que quieres seguir.

Debe ser alguien que domine el hábito y que haya demostrado que se ha desarrollado con el tiempo. Puede ser tu profesor de universidad, tu instructor de gimnasia o tu cabeza espiritual. Asegúrese de que tiene razón sobre a quién elegir. Prepárate para seguir cualquier cosa que te digan que hagas. Puede parecer riguroso al principio, pero el resultado deseado saldrá a la luz.

5. Diseñar una estrategia

He aquí una de las herramientas esenciales para mantener la autodisciplina: Desarrolle un plan para trabajar con él. La disciplina no es automática ya que implica un proceso de construcción. Su acción debe incluir una fecha límite y una guía paso a paso realizable. Lo bueno de estos mini hitos es que usted podrá medir su progreso. Y un sistema de recompensa de sonido puede mantenerlo enfocado y dominar un sistema de control activo.

El objetivo de este plan no es abrumarse con sus metas. El progreso es el principal combustible que le empujará más lejos para actualizar sus estrategias. Las fechas límite también le obligarán a reunir todos los recursos a su alcance para lograr el éxito en una fecha específica.

Capítulo cinco: Establecimiento de metas para el éxito

Puede que hayas pasado mucho tiempo preguntándote por qué las cosas no parecen funcionar bien para ti. Una vez tienes un sueño ardiendo en tu mente con planes completos para lograr ese sueño, y la siguiente cosa que sabes, se ha ido, y no has logrado nada. Puede que también hayas pasado mucho tiempo pensando, comparándote con personas que logran las cosas con facilidad; personas que parece que simplemente nacieron para tener éxito. Estas personas saben lo que quieren, declaran lo que quieren, y lo siguen con todo su celo hasta que lo ven logrado.

Hay poco o ningún secreto relacionado con estas personas y su éxito. Lo único que te diferencia de ellos es la capacidad de establecer metas. Esta gente no sólo trabaja duro, sino que también es inteligente. Y trabajar de forma inteligente implica establecer objetivos sólidos y viables. Sin metas, la vida sería simplemente sin dirección, y una vida sin dirección será una vida improductiva sin nada por lo que vivir.

La mayor parte del tiempo, sólo unos pocos de nosotros nos sentamos y trazamos un curso para nuestras vidas. Toma la vida como un mar tormentoso, contigo y tu bote flotando en ese mar. Hay muchas posibilidades de que te saquen de curso. Pero si tiene una brújula, le será más fácil encontrar el camino a casa después de que la tormenta haya amainado. Su objetivo es como una brújula que le ayuda a volver a poner en jaque después de un período de extravío.

En este capítulo, repasaremos algunos de los conceptos básicos para establecer metas. ¿Cuáles son las mejores técnicas y consejos que debe emplear al establecer metas? ¿Qué tan realistas y factibles deben ser sus metas para que no terminen frustrándolo mientras trabaja para alcanzarlas?

Conceptos asociados con el establecimiento de metas

Antes de que comencemos a explorar las técnicas necesarias para establecer metas, hay algunos conceptos sobre el establecimiento de metas que usted tiene que entender. Si no se entienden bien, entonces les digo que todo el proceso terminará lleno de fracasos. La pregunta más importante de todas es:

> **¿Por qué tengo que fijarme metas?** Esta es una pregunta muy personal, y usted tendría que dar una respuesta personal antes de poder continuar. Sin dar una respuesta, nunca podrás conectarte con la actividad de establecer metas a un nivel más personal.

Al establecer metas, estas dos cosas le ayudarán a forjar algo que funcione.

- **¿Cuáles son sus objetivos?** ¿Qué es exactamente lo que quieres? ¿Quieres aterrizar en la luna algún día? ¿Necesita perder más de 100 libras con 6 meses? ¿Piensas ganar un Oscar antes de cumplir los 40 años? Identifique estas metas porque le proporcionarán claridad instantánea. Las metas ayudarán a su mente como una brújula para el logro. De hecho, una meta identificada pone tu corazón en llamas como ninguna otra.

- **¿Por qué quiere lograr estos objetivos?** No puedo decirte nada más importante en el establecimiento de metas. Sin un propósito o una razón, sus metas son tan buenas como las nueces. Tómese un tiempo libre y evalúe la razón por la que se fijó estas metas. ¿Necesitas conseguir un buen coche para que te ayude a sentirte bien con tus compañeros o porque te ayudará a moverte más rápido por la ciudad? ¿Está tratando de perder peso porque alguien lo insultó por su talla grande o simplemente porque quiere vivir más saludable? Como ustedes saben, una meta fijada por una razón egoísta nunca llega a ver la luz del día en cuanto a su logro. Con un propósito concreto y bien definido, el establecimiento de objetivos será mucho más fácil.

Formas de Metas

Para establecer una meta de manera efectiva, usted necesita entender qué tipo de meta está fijando. Hay diferentes tipos y encontrar el correcto le ayudará mucho. La forma más importante de categorización de metas es la que se realiza en base al cronograma. Estos incluyen:

1. **Metas a corto plazo:** Estos objetivos son los que se pueden alcanzar en poco tiempo, por ejemplo, en un período de seis meses o menos de un año. Al establecer tales metas, usted debe considerar aquellas que pueden ser fácilmente alcanzadas para que pueda seguir adelante con la siguiente meta.
2. **Metas a largo plazo:** Estas metas toman un espacio de tiempo más largo antes de que se actualicen por completo. Incluso tardan años. Algunos de estos objetivos incluyen el aprendizaje y la puesta en marcha de un negocio, la crianza de un hijo o la lucha contra el cáncer.
3. **Objetivos de toda la vida:** Metas como estas pueden llevarle toda una vida para lograrlas. Lo que pasa con las metas de toda la vida es que es posible que nunca sepas cuándo se cumplirán. En algún momento, usted se sentirá frustrado y querrá darse por vencido. Pero debe tener en cuenta que los objetivos de toda la vida se basan en el logro de objetivos a largo y corto plazo. Un ejemplo de meta de una meta de por vida es un niño con el sueño de convertirse en presidente.

10 técnicas para fijar metas para lograr sus metas más rápido

1. **Identificar los beneficios de lograr esa meta.**

Una cosa es que usted sepa el propósito de seguir una meta hasta el final, y otra cosa es que entienda el beneficio de lograr esa meta. Si una meta no tiene ningún beneficio, ni para ti ni para las personas que te rodean, entonces no habrá necesidad de perseguirla porque incluso tu mente se sentirá frustrada tratando de obligarte a actuar. Saber lo que hay en él para usted será suficiente impulso para ayudarle a sentarse y ponerse a trabajar. Para un ejercicio, escoja su libro de establecimiento de metas y anote algunos de los beneficios que disfrutará si se logra una meta. Piense largo y tendido mientras llena esos espacios con respuestas.

2. **Establezca metas compatibles.**

Cuando se trata de fijar metas que se pueden alcanzar fácilmente, es necesario que sean compatibles entre sí. Establecer objetivos incompatibles hace que pierda su tiempo y energía. Pronto te sentirás muy estresado y débil, incapaz de seguir adelante con la búsqueda de tus metas. Una meta puede ser pasar más tiempo con la gente y hacer nuevos amigos, y otra meta puede ser aprender a estar por su cuenta con más frecuencia y concentrarse en una tarea determinada. Estos dos son conflictivos. No puedes pasar más tiempo con tus amigos y aun así tener suficiente tiempo para completar la tarea. A la hora de fijar los objetivos, es necesario que mire en cada uno de ellos y mida su compatibilidad con el resto de los que aparecen en la lista.

3. **Cree un saldo permanente.**

No te permitas involucrarte demasiado en tratar de alcanzar una meta en particular que empieces a ignorar a los demás. La vida funciona con equilibrio. Usted debe aprender a compartir su tiempo equitativamente entre todas sus metas. No tendrá sentido que tengas éxito en un aspecto y que fracases en el otro. Usted puede estar experimentando mucho éxito en un aspecto de su vida, pero cuando descubre que el otro aspecto está inacabado, puede ser demasiado tarde.

4. **Pida ayuda cuando sea necesario.**

Por eso se llaman metas; no se pueden alcanzar solas. Hay muchas personas a tu alrededor que estarán dispuestas a ayudarte con tus metas si tan sólo aceptas ser humilde y cumplirlas. Por cada meta que usted quiera alcanzar, hay alguien ahí fuera que ha logrado esa meta hace mucho tiempo. Usted debe conectarse con ellos y averiguar cómo lo hicieron, qué obstáculos enfrentaron y cómo los superaron.

Cuando analice sus metas, trate de identificar lugares en los que pueda ser ayudado para que sea más específico en la búsqueda de esa ayuda. Éstas pueden incluir habilidades que usted necesita adquirir o conocimientos que desea adquirir.

5. **Concéntrese en las cosas que mejorarán sus metas.**

Cuando haga su horario para el día, trate de considerar básicamente aquellas cosas que agregarán valor a sus metas. Ésas son las cosas que usted debe considerar más. Deberían quitarte más tiempo. Hay otras actividades que puedes modificar para ayudarte a crear más tiempo para estas otras actividades. No dude en hacerlo.

6. **Hay trabajo que hacer y nadie te ayudará a hacerlo.**

Esto es probablemente la cosa más importante que usted debe saber sobre el establecimiento de metas. No se trata sólo de escribir las metas en un libro y mirarlas todo el día. Hay mucho más apegado a él, y la mayor parte es trabajo. Usted debe aprender a asumir la responsabilidad que se asociará con el trabajo que está a punto de hacer. En algunos momentos, si empiezas a experimentar el fracaso, tu mente estará ansiosa por ayudarte a cambiar la culpa. Por favor, supere esta tentación placentera. No te llevará a ninguna parte tangible. En lugar de dejarse atrapar en la red de quejas y excusas, decida que, pase lo que pase, ese objetivo debe cumplirse.

7. Elimine las posibles interrupciones y distracciones

Encontrará muchas distracciones e interrupciones en su camino hacia el logro de sus objetivos. Vendrán disfrazados de muchas maneras, y se exhibirán como cosas que necesitan ser llevadas a cabo con urgencia. Tal vez algunos de ellos sean legítimos, por lo que necesitaría su discreción para poder seleccionar el trigo de la cizaña. La mayoría de ellos simplemente serán derrochadores de tiempo en una misión para matar su tiempo y retrasarlo. La habilidad de diferenciar con éxito qué actividades valen su tiempo es una habilidad muy importante que necesitará dominar si quiere alcanzar esas metas.

8. Manténgase abierto al cambio

Pueden surgir muchas cosas inesperadas y es posible que tenga que hacer algunos cambios en sus objetivos. Puede ser un cambio positivo, pero un cambio de todos modos. Una vez que notes que algo no planeado e imprevisto está a punto de ocurrir, ese será el momento perfecto para hacer evaluaciones y conocer aquellas cosas que pueden ser cambiadas. También puedes mantener tu mente abierta y buscar oportunidades en ellos.

9. Necesitará un nivel de persistencia

Trabajar hacia su meta no es todo lo que necesita hacer para lograrla. Poner todo el esfuerzo necesario en la etapa inicial y luego vacilar al final sólo hará que te arrepientas de todo el proceso. La persistencia es la especia necesaria que hace que su trabajo duro valga la pena. Seguramente encontrará muchos baches en su camino, pero mantenerse al día con todo lo que se requiere de usted es algo que le garantizará el éxito a largo plazo. Recuerda que todas las cosas que harás ahora serán sólo sacrificios a corto plazo, y te proporcionarán placeres a largo plazo. Depende de usted.

10. Revise constantemente sus metas

Revisar sus metas le ayudará a identificar cualquier progreso que haya logrado con el tiempo. También le brinda la oportunidad de identificar los lugares en los que puede haber fallado. Al revisar sus metas, hágase preguntas acerca de hasta dónde ha llegado para alcanzar la meta, qué pasos deben cambiarse para lograr la meta con más rapidez y si todavía está en el camino correcto. La revisión de las metas también le ayudará a motivarlo para que se desempeñe mejor.

7 cosas que debe saber sobre cómo fijar las metas correctas

Siempre le digo a mi audiencia que encuentre las metas correctas que se proponga. Hay metas para ti, y también hay metas que no deberías molestarte en fijar porque no le darán ningún valor a tu vida. Si no se establecen las metas correctas, entonces existe la posibilidad de que usted pierda el enfoque incluso antes de que se logren. Establecer las metas correctas tomará algún tiempo. Los objetivos correctos no sólo vienen a usted preparados. Es posible que necesite hacer una lluvia de ideas antes de encontrar las metas adecuadas para usted y las que no lo son. Pero hay algunas técnicas generales que puede poner en práctica para ayudarle en su selección. He aquí algunos de ellos:

1. **La Meta Correcta puede ser Medida**

Sus metas deben ser metas que se puedan medir fácilmente para averiguar el éxito que ha tenido con ellas. Si escribes tus metas y las rompes en pedacitos, entonces debería haber una manera para que puedas marcarlas y medir el éxito. Una meta que se puede medir debe ser una que sea específica, como: "Perderé diez libras antes de que se acaben los meses". "o "Debería terminar de escribir mi próximo libro antes de que se acabe el año. "Todos estos son ejemplos de objetivos mensurables. Este tipo de metas le facilitan el seguimiento del éxito.

2. **Las metas correctas pueden ser manejadas**

Si usted se encuentra constantemente abrumado por una meta, puede significar que no es la meta correcta para usted. La meta correcta es esa meta que usted puede dividir en metas más pequeñas. Estas metas más pequeñas servirán como hitos que contribuirán al logro de la meta principal. Dividir sus metas en partes más pequeñas le ayudará a mantener un registro de su tasa de éxito.

3. **La meta correcta se puede alcanzar sin importar los obstáculos que la acompañan**

   Cada meta en su lista de metas debe tener un punto con el cual usted pueda finalmente medir el éxito. Si su meta tiene ese punto en el que usted puede mirar atrás y decir que ha recorrido un largo camino, entonces es una meta abstracta. Fijarse un objetivo y decir: "Quiero vender mis productos" no es un objetivo. ¿Cuántos de estos productos desea vender? Si no define claramente lo que es un logro para usted, entonces no podrá recompensarse ni siquiera cuando venda mil de esos productos. En tu mente, la meta sigue sin cumplirse, y pronto, te darás por vencido. Lo principal es poner un objetivo en todas sus metas.

4. **Cualquier obstáculo contra el logro de los objetivos correctos puede ser fácilmente detectado a gran distancia**

   Si te encuentras con problemas imprevistos mientras intentas ejecutar un objetivo, puedes tomar eso como un punto en el que el objetivo no era para ti todo el tiempo. La meta correcta es una que le permita detectar cualquier problema futuro mientras hace una revisión de los pasos necesarios para lograrlo. Una vez que estos problemas se presentan en la etapa inicial, todo lo que tienes que hacer es poner medidas para mitigar su efecto.

5. **La Meta Correcta tendrá una fecha límite realista y viable.**

   Cada meta necesita un marco de tiempo, un período con el que debe cumplirse. Con una fecha límite establecida, su mente se mueve a trabajar para producir un resultado. Una vez que usted ha llegado con un marco de tiempo dentro del cual su trabajo debe ser cumplido, usted descubrirá que un sentido de urgencia será instantáneamente asignado al trabajo. Y tener un sentido de urgencia es algo que mencioné antes y que le ayudará a establecer sus metas. Debe tener suficiente tiempo que le ayude a alcanzar la meta, sin embargo, el tiempo no debe ser demasiado largo para que usted no se desinterese de la meta. Pero usted debe tener en cuenta la magnitud de su meta al establecer un marco de tiempo, para no terminar engañándose a sí mismo.

6. **La meta correcta puede ser fácilmente visualizada**

Si no tienes una foto, entonces no tienes un destino. ¿Nuestra meta le da una imagen? Si lo hace, ¿cuán tangible y real es? Cuando haga una revisión de sus metas, imagínese a sí mismo cumpliendo la meta. Imagínese sosteniendo su novela completa en sus manos. Imagínate con tu título dentro de tres años. Imagínate a ti mismo en tu auto. Cuanto más fuerte y clara sea la imagen, más fácil será conseguir la motivación para trabajar hacia ella. Usted puede fácilmente cambiar un día aburrido y desmotivado por un día productivo imaginando los resultados de su éxito. Sus metas deben tener una imagen.

7. **La meta correcta siempre tendrá un valor a largo plazo para su vida**

Finalmente, la meta correcta es una meta que tiene recompensas que permanecerán con usted de por vida. Aunque hay metas correctas con recompensas de corta duración, la mayoría de las metas correctas siempre vienen con recompensas que se mantienen por más tiempo. Al establecer cada meta, trate de analizar e identificar los beneficios asociados con cada una de ellas. Pueden incluir libertad financiera, descanso mental, salud física y estabilidad psicológica. Independientemente de lo que puedan ser, sepa que identificarlos le ayudará mucho.

Las mejores maneras de recompensarse por las metas cumplidas

Primero, tienes que entender que nadie te recompensará más de lo que puedes recompensarte a ti mismo. Usted merece ser recompensado, especialmente cuando ha completado con éxito una tarea, hercúlea o no. Recompense su cuerpo. Recompensa a tu mente. Recompense su alma. Recompénsese, no importa lo poco que sea. Definitivamente va muy lejos. Recompensarse es decirle a su mente y a su cerebro que ha hecho un buen trabajo y que lo animará a hacer más. Una vez que puedas establecer esto en tu mente, descubrirás que será mucho más fácil para ti trabajar porque tu cuerpo estará deseando recibir esa recompensa después del primer trabajo completado.

Para comenzar el proceso de recompensarse a sí mismo, usted tiene que saber cuál será la recompensa. Saque un bolígrafo y un libro y anote todo lo que quiera para recompensarse. Asegúrese de tener una lista detallada y completa antes de seguir adelante con el proceso de recompensas. Si no, sólo te estarás engañando a ti mismo. Hay muchas maneras de recompensarte, y te presentaré algunas de ellas. Pero también debes tener en cuenta que tus recompensas no deben llegar de tal manera que nieguen todo por lo que has trabajado. Ese será el sistema de recompensa equivocado. Las cosas más importantes para considerar cuando se selecciona la recompensa son:

1. Debe tener un valor duradero

La recompensa debe ser de valor para usted de cualquier manera posible. No se limite a buscar una recompensa que le proporcione felicidad instantánea; busque algo más concreto y profundo. Busca una recompensa que gratifique hasta tu alma. Puedes ir por una experiencia espiritual y ver la vida de una manera totalmente nueva.

El núcleo de su selección debe ser la autocompasión. Sé amable contigo mismo, porque los beneficios de la bondad son numerosos y abrumadores. No debe ser una recompensa de una sola vez, sino que debe practicarse tanto como sea posible cada vez que se complete una tarea.

2. Infunde Positividad

Sus recompensas también deberían impulsarlo a lograr más de lo que ha logrado antes. Reconozca todas las cosas que ha logrado ahora pero esfuércese por hacer más en poco tiempo. Su recompensa debe recordarle la importancia de no ser demasiado duro consigo mismo.

3. Debe haber un equilibrio necesario en el sistema de recompensas

No permita que su sistema de recompensas se pase de la raya. Tiene que haber un equilibrio razonable. La recompensa no debe exceder el tamaño de las tareas completadas que las necesitaban.

4. Bajar el tono

A veces tu recompensa puede venir de dentro de ti. Puede ser un día o un momento tranquilo en el que te sientas y reflexionas sobre todo en tu viaje. Ese puede ser un momento claro de iluminación que los asistirá en su viaje futuro.

5. No tienes que gastar mucho para recompensarte.

Las recompensas pueden ser simplemente las cosas que disfrutas haciendo.

6. Debe ser fácil de lograr lo más rápido posible.

Aquí hay algunas formas rápidas en las que puede recompensarse después de completar una tarea. Hay una gran variedad, y depende de ti elegir la que más te convenga.

1. Ir a un concierto.
2. Visite un carnaval o un festival de música.

No más procrastinación

3. Ve a ver una película con unos amigos.
4. Escuche un podcast cautivador.
5. Planee una salida nocturna con los miembros de la familia.
6. Disfruta de una revista leída con un vaso de jugo frío.
7. Remoje su cuerpo en un baño caliente en la bañera.
8. Transmite música bailable en línea.
9. Vea algunos documentales interesantes sobre Netflix.
10. Dé un largo paseo por su parque favorito.
11. Únase a un ejercicio o a una clase de baile.
12. Visite una galería de arte y vea obras de arte inspiradoras.
13. Disfrute de una comida extranjera.
14. Visite un spa y reciba un tratamiento.
15. Haga un picnic en una playa cercana.
16. Asista a un evento deportivo y anime a su equipo favorito.
17. Haga una pequeña reunión y celebre con sus amigos.
18. Ponga sus manos en una forma de arte que le guste o en la jardinería.
19. Reorganice su habitación y su armario.
20. Hazte fotos a ti mismo.
21. Consigue un nuevo peinado.
22. Ten un día libre en el que puedas descansar, hacer lo que quieras o no hacer nada en absoluto. (Pero no permita que el placer de un día así entre en su cabeza. Una vez que el día ha terminado, usted regresa a su rutina.)
23. Escribe una historia corta sobre ti y compártela en los medios sociales.
24. Compra un perfume nuevo con una fragancia que te guste.
25. Cómprate ropa nueva y deshazte de las viejas. O también puedes repartirlas.
26. Viaje a un lugar al que siempre ha querido viajar.

Capítulo seis: Nuevo tú, nuevas rutinas

El crecimiento en sí mismo es la influencia de la grandeza y el logro. La vida nos ha enseñado a mejorar en todo, incluso en las cosas más comunes. Hemos llegado a aprender de la manera difícil a través del ensayo y el error. Y para ello, la historia ha relatado la importancia del auto crecimiento y la actitud necesaria para alcanzar este nivel de excelencia.

Desde los valores requeridos hasta las habilidades y conocimientos necesarios, todas estas virtudes pueden ser aprendidas. Y la verdad está en la oportunidad que la vida ha presentado para aprender continuamente. Cuanto más vemos la necesidad de adoptar nuevas técnicas y aprender habilidades, más cómoda se vuelve la vida. Y como no vivimos aislados, las personas que nos rodean se motivan a través de nuestro proceso de aprendizaje. Por ejemplo, los líderes de renombre invierten mucho tiempo en el conocimiento y la investigación, ya que esa es una de las formas de llegar al éxito.

El aprendizaje viene con muchos obstáculos que superar, y nadie dice que sea fácil adoptar un nuevo comportamiento. El combustible para sostener este cambio proviene principalmente de estructuras probadas. Uno de ellos tiene que ver contigo. Es una actitud positiva más allá de su mentalidad inmediata. Una vez que su mente esté abierta, cualquier otra cosa que se relacione con la tranquilidad, la unión, el establecimiento de metas y la disciplina será natural para usted. Su mente se convertirá ahora en un terreno fértil para criar hábitos positivos. Podrías pensar brillantemente y esperar que lo mejor ocurra siempre.

Una nueva rutina comienza con la firme convicción de hacer las cosas de manera diferente. Es posible que esté cansado de los resultados que obtiene por tiempo, y que sienta que le falta algo. ¡Estás en lo cierto! Si usted ha estado pensando en esta dirección, entonces, está listo para hacer un impacto. Este nivel es la base de su éxito. Ahora es evidente que estás preparado para sobresalir sin perder tu unicidad.

No se sienta abrumado con el deseo de obtener grandes resultados; es alcanzable. Pero tienes que entender que no es automático. El proceso involucrado necesita que usted revise sus elecciones de manera creativa. Es posible que también necesite desglosar sus preferencias, emociones y patrones de pensamiento para aliviar la nueva rutina que ha elegido. Asegúrese de que las tendencias no influyan en su decisión de hacer las cosas de manera diferente. Las tendencias son como la moda; vienen y desaparecen con el tiempo.

8 maneras de crear grandes hábitos que conducen al éxito

La innegable verdad sobre el éxito es que hay que mantenerlo. Mantener la excelencia, el logro y la productividad comienza con el principio más ignorado. Esta norma es lo que yo llamo el "principio del crecimiento continuo". Se trata de un esfuerzo consciente de revisar regularmente la composición humana para mejorar. Checkmating aquí significa una evaluación consistente de nuestras emociones, habilidades, habilidades, valores y actitudes para que encajen en el proceso de aprendizaje deseado. Es necesario hacer preguntas para buscar soluciones en lugar de detenerse en los informes adversos.

La forma en que los seres humanos dedican su tiempo contribuye en gran medida a la productividad. La actitud puesta al tiempo también tiene un efecto significativo sobre si el momento es válido o no. Ciertos elementos podrían haberse aclimatado a nuestros puntos de vista, lo que nos hace propensos a su impacto negativo. Tales propiedades se convierten en nuestra referencia diaria, disposición, creencia, asunción, percepción y doctrina. Eso es lo que resulta en hábito, e inconscientemente repetimos el patrón en nuestra vida diaria.

La excelente noticia sobre un hábito es que se puede aprender. Su conocimiento de esta rutina y su voluntad de cambiar es lo que más importa. Esbozaré a continuación algunos grandes patrones que te inspirarán a una vida exitosa.

1. **Identifique el tipo de rutina que desea.**

   Cuando se conoce un destino, el camino para llegar allí será bastante sencillo. Asegúrate de que te hayas convencido del tipo de hábito que quieres romper. Esta comprensión deberá ser lo que más les importa en este momento; una prioridad que no debería posponerse. Involucre esta decisión en sus pensamientos de manera consistente, pero no se deje llevar.

   Identificar un hábito negativo es grandioso; posicionar su mente para reemplazarlo con uno positivo será más satisfactorio aún. Satisface tu conciencia y tu fuerza de voluntad para emprender el nuevo camino de una persona mejorada. Es necesario convencerse interiormente porque ese es el combustible que mantiene la consistencia.

   Esta etapa de identificación necesita un desglose adecuado de su compromiso. Empecemos con las pequeñas cosas que te mantienen ocupado como los chismes. Necesitas saber cuándo y cómo comienza el chat si tu nueva rutina es concentrarte en escribir un informe de 1000 palabras sobre seguridad por día cada vez que cierras el trabajo. Luego apague cualquier señal que sugiera un retraso en el tiempo y en las capacidades mentales. Si bien puede haber sido una ocurrencia frecuente charlar en el estacionamiento, decida acortar la discusión cuando note que se está yendo al sur. Usted está a cargo aquí, y esa es la razón por la que necesita ser sincero. Esto es sólo un ejemplo, y el tuyo podría ser diferente.

Además, tenga en cuenta que usted estará a cargo de sus actividades ya que podrá predecir lo que desea. Nadie te obligó a hacerlo; es una elección personal para que la atención se instale. Usted podría posicionarse en el objetivo actual y no sentirse abrumado por las incertidumbres del futuro.

Con la conciencia del presente, usted será capaz de canalizar su energía y recursos para lograr una tarea presente. Será más cómodo aceptar el patrón de sentimientos y pensamientos que sigue a la conciencia.

Saber lo que quieres lograr ahora y en el futuro te coloca en lo que se necesita para alcanzarlos. El sacrificio está por encima de ellos. Lo más probable es que la rutina recién identificada no siga su estilo de vida convencional. Y si el suyo es completamente diferente, entonces prepárese para adaptarse a los cambios. Puede que necesite cambiar reducir la cantidad de tiempo que pasa en redes sociales y ajustar el tiempo de los momentos de ocio. Sea lo que sea que sientas que será afectado, prepárate para ello para no causar un retraso en el camino del logro exitoso.

2. **Empiece desde su posición actual.**

Puede sonar ridículo cuando te ves a ti mismo no yendo a un ritmo rápido. Pero la verdad es que ese es el ritmo perfecto para ti. Recuerde que el hábito constituye toda una parte de nosotros, y el cambio significativo no llegará tan rápido como usted se imagina. La voluntad de moverse es la velocidad necesaria que necesitas aquí.

Piensa en ello como si estuvieras construyendo tus músculos. Usted debe saber que la acumulación física no saldrá a la superficie en un día. Es posible que esté deseando seguir leyendo durante tres horas cada noche. Entienda que usted habrá usado la mayoría de sus momentos productivos durante el día, y la posibilidad de leer de vez en cuando es muy pequeña ya que está empezando de nuevo. ¿Por qué no empezar con treinta minutos y dominar el arte durante las primeras dos semanas? Una vez que sea consistente con la rutina de media hora, aumente la duración progresivamente. Asegúrese de que ha establecido el comportamiento, y luego trate de mantenerlo.

3. **Recrea tu entorno.**
No eres la composición perfecta de ti mismo sin tu entorno. Algunos desencadenantes estabilizan su viejo hábito, y la mayoría de ellos están a su alcance. Primero, identifique lo que son y cómo comienzan. Esos detonadores pueden no ser una señal de retraso y dilación, pero en el sentido real, ellos son los villanos.

Su nuevo hábito puede ser comenzar una nueva dieta, pero parece que su cocina todavía está atascada con sus viejas comidas. Lo mejor será eliminar esos alimentos y que no los compre. Será difícil concentrarse en su nueva rutina porque cuanto más vea esos alimentos a su alrededor, más difícil será eliminarlos.

Reorganice su casa, su oficina, su mesa e incluso su guardarropa para que se adapten a su comportamiento esperado. Cuantos más despejes las distracciones, mejores serán tus posibilidades de éxito. La idea aquí es deshacerse de la energía que hace que el aprendizaje sea difícil para usted y reemplazarla con otras buenas.

4. **Muévete con personas que te animan.**
Tu motivación para mantener un comportamiento aprendido se verá reforzada cuando seas responsable ante tus amigos. No es obligatorio reportarse con su conocido. Podría ser un colega en el

trabajo o tu mentor. Elija a alguien en quien confíe lo suficiente como para criticar su informe.

Su enfoque en este punto es que no están en el camino de la novedad solos; hay cuerpos externos que apoyan su nuevo hábito. Obtendrá resultados óptimos si elige a alguien que tenga éxito en el aprendizaje de su rutina seleccionada. De esta manera, él podrá guiarte de manera constructiva.

El resultado significativo que usted quiere ver en la nueva rutina también puede ser fomentado cuando lo ve como trabajo en equipo. Imagine que su camarilla decide empezar un nuevo hábito. Cada uno de ustedes estará motivado para dar lo mejor de sí mismo. Una cosa buena que tendrás en mente es que "hay alguien a mi lado a quien siempre puedo referirme", y él/ella será tu aliento más activo. Será difícil para ti detenerte. Podrías decidir hablar con tus amigos para que aprendan un nuevo comportamiento que mejore un ritmo rápido del resultado.

5. **Cuénteles a otros acerca de su Plan.**
La mayoría de la gente le teme al fracaso, y el fracaso en sí mismo es una enfermedad que se puede evitar. Una mejor manera en que los humanos lo evitan es empujando su energía para tener éxito. Piensa en ti mismo como alguien en quien se puede confiar con información. La confidencialidad no es lo más importante aquí, sino la apertura y la responsabilidad, sabiendo que una parte de ustedes ha sido comprometida con otra persona. Tendrás que mantener tu hábito como una cuestión de necesidad porque no querrás decepcionarlos.

Puedes empezar por informar a algunos de tus seguidores en las redes sociales, amigos, familiares y colegas. Dígales de antemano y comprométalos continuamente en su rutina de compromiso.

Puede que no quieras decepcionarlos retrocediendo. Cada vez que te enfrentas a la tentación de volver, es más probable que recuerdes a aquellos a los que te has comprometido.

6. **Desarrolle su nuevo hábito en la línea del antiguo.**
La energía involucrada en el aprendizaje de un nuevo patrón es muy diferente de la comodidad complaciente del viejo. Usted estará de acuerdo en que la vieja rutina habría ganado el control de acceso sobre usted. Tu vida habría sido reposicionada para pensar y trabajar en esa dirección. Decirle que abandone el viejo hábito inmediatamente será como pedirle que cambie el color de su piel tres veces por semana. Es mejor ajustar su nuevo comportamiento con el viejo. Recuerda nuestro primer punto para empezar con algo pequeño.

Ya que tiene un plan, haga su estrategia lo más flexible posible. Tenga cuidado aquí para no caer presa de pensamientos negativos. Sus tendencias a fluir con su experiencia diaria le recordarán la negatividad, reemplácelas con afirmaciones positivas. Por mucho que te comprometas con el nuevo comportamiento de manera constante, llegarás a ser mejor y progresarás para convertirte en una persona diferente.

7. **Recompense cada etapa del progreso.**
Tome nota de su progreso y elogie cada cumplimiento de los resultados deseados. Nadie puede animarte mejor que tú mismo. La recompensa aquí no debe forzarte a permanecer en el mismo lugar. Si usted siente que no ha sido motivado a hacer más mientras se aplaude a sí mismo, cambie la forma en que lo aplica. Crear un sistema de recompensa condicional. Vea la película después de haber terminado el informe. Disfrute de la velada con su camarilla siempre que su habitación esté perfectamente limpia.

Usted puede seguir el flujo de su recompensa después de haber alcanzado sus objetivos.

8. **Haga Ejercicio Mental**
   Su cerebro no está aislado de su nueva rutina. Sus capacidades cognitivas tienen un papel importante que desempeñar después de su fuerza de voluntad. Comience con su ejercicio regular, que puede ser caminar por el parque o trotar. Mientras hace cualquiera de estos ejercicios, piense en los nuevos hábitos que desea crear. Permita que su cerebro procese la información y la convierta en conciencia, pero no se sienta abrumado. Este estado de conocimiento le permitirá entrar en las realidades presentes todo el tiempo. Ahora podrá evitar las distracciones porque su cerebro ha procesado su nueva rutina en su sistema.

   Recuerde que todo el bienestar de su cuerpo es importante, y su cerebro no debe ser excluido. También podría considerar hacer los ejercicios que agudizan el enfoque que se dan en este libro.

9 rutina de la mañana para hacer de cada día un buen día

La naturaleza ha cargado un abundante paquete de beneficios para las primeras horas del día. Y estarán de acuerdo en que la creatividad y la innovación tienden a fluir libremente durante este tiempo. Aunque esto varía del tipo de persona que eres, no niega cómo se puede lograr la productividad. Esta sección le proporcionará las actividades que puede realizar para maximizar su mañana. Seguirlos rápidamente marcará la pauta para un día excelente.

1. **Haga un diario de sus pensamientos y úselo para su día.**

Los momentos refrescantes de la mañana son el mejor momento para escribir lo que se te viene a la mente. Cada una de sus actividades durante el día puede diferirle el privilegio, y es por eso por lo que debe maximizar la oportunidad que le brindan las primeras horas de la mañana.

Tenga en cuenta que es posible que no necesite hacer este breve ejercicio de la manera convencional. Sea lo suficientemente flexible para adaptarse al flujo de sus pensamientos. Puede que sólo implique diez minutos de su tiempo. El lado positivo de llevar un diario de su opinión es que su cerebro está conectado a una fuente de atención. No tendrá que hacer hincapié en su capacidad cognitiva para recordar las pequeñas cosas que inundan su corazón. Ahora serás consciente de todas las ideas que te ayudarán a mejorar tu experiencia diaria.

Si necesita crear un esquema de sus pensamientos, ¡haga una lista de ellos! Es posible que desee reproducir la escritura de los resultados de las vistas diarias. Esta acción le hará hacer referencia a su historia de éxito y le recordará sus victorias anteriores. Usted también podría repetir la misma rutina que trae el logro la próxima vez que se enfrente a un desafío aparentemente relacionado.

2. **Arregla tu cama**

¿Suena un poco estresante? ¡Si! Porque no lo has estado practicando. Esta simple habilidad de hacer las cosas en casa te da un sentido de responsabilidad por ti mismo. Su cama ha sido capaz de crear la primera tarea del día con éxito. Pruébate a ti mismo el éxito que quieres que tenga esto. Cada vez que haces esto excelentemente bien, construyes un sentido de realización.

3. **No concluya con decisiones esenciales**

El instinto podría haberte guiado antes, pero la realidad no es un juego de azar; seguramente cumplirá su mandato. Deje sus pensamientos en el papel y finalícelos más tarde en el día. La mayoría de las veces, la voluntad interna de tomar una decisión perfecta puede no ser lo suficientemente fuerte como para dar una estrategia precisa necesaria para lograr sus objetivos. Sea lo suficientemente paciente para investigar su inspiración percibida. Su búsqueda a lo largo del día mejorará la productividad mental para las mañanas siguientes.

4. Limite sus opciones

Este período temprano del día te obliga a hacer la elección inevitable para tu día. Agilice su selección de acuerdo con su conjunto de valores. Es posible que le moleste el color, el tipo de camisa, el zapato y la bata que debe usar. Los accesorios para utilizar pueden incluso consumir gran parte de su tiempo de reflexión. Cree una rutina de sus necesidades básicas por la mañana y hágala practicable. Por ejemplo, despertarme, meditar, elegir mi ropa, bañarme, hacer café, organizarme y prepararme para el día. Simplifique sus elecciones diarias y no las haga más difíciles para usted.

5. Energice su cuerpo

Piense en el acondicionamiento físico como otra herramienta para mantener una rutina matutina. Puede que no necesites ir a correr por la calle. Su habitación puede permitirle sudar la energía necesaria para el día. ¿Recuerda el método de recompensa condicional que leyó bajo la creación de un hábito que lleva al éxito? Haz que funcione para ti también aquí.

Haz de 15 a 30 flexiones de brazos, después de las cuales consideras repasar tus actividades del día. También puede estirar los brazos y las piernas y luego pensar en la tarea del día. Hacer esos ejercicios habría preparado su cuerpo para el trabajo del día. Tu mente ahora estará en reposo, y tu nivel de felicidad aumentará por el resto del día.

6. Afirmaciones

El pensamiento positivo, dicen, resulta en un resultado positivo. Crea una mente llena de positividad a medida que haces afirmaciones que reencuadrarán tu mente. A menudo ves a través de tu mente, lo que hace que sea necesario eliminar la negatividad durante el día. Recuerde, requiere que hable por sí mismo. Tome tiempo para escribir sus afirmaciones y leérselas usted mismo. Puedes empezar con el simple desafío que tuviste el día anterior y compensarlo. Por ejemplo, digamos, "Hoy he caminado con excelencia. "Logré y superé los objetivos hoy. "No estoy abrumado por el éxito o el fracaso. Sobresalgo en toda mi tarea."

7. Enfócate más en tu interior

La fuerza recibida de la meditación puede ser suficiente para superar los desafíos mentales del día. Alcanzarás este nivel de calma cuando te separes tanto del apego externo como del interno. Crea la voluntad de romper con el mundo exterior por el momento. Romper aquí significa crear un enfoque en ti mismo, especialmente en tu fuerza de voluntad.

Note que este simple ejercicio requiere que usted limpie cada pensamiento y preocupación. Su nivel de ansiedad debe reducirse conscientemente en este período. Mírate sólo a ti mismo, y ni siquiera revises las redes sociales. Planifique para lograr esta rara rutina desde su noche. No hay revisión anticipada de correos electrónicos, Facebook y blogs. Sólo tú, solo.

Desvincúlese de su rutina diaria de torpeza e inactividad durante este breve período de la mañana. Un momento de reflexión de 15 minutos es un buen comienzo para usted. Vea la posibilidad de lograr el éxito del día. Reflexione sobre las afirmaciones que ha hecho y véase a sí mismo lográndolas. Estás alimentando tu alma en este punto para tener una mentalidad ganadora. Y esa es la mejor manera de describir tu día para cualquiera.

8. Pruebe una ducha fría

Puede que no te sientas cómodo con esto por primera vez. Pero puede intentarlo unas cuantas veces y adquirir el hábito de hacerlo de forma intermitente. Piensa en las ventajas que conlleva. Su flujo sanguíneo tiende a aumentar y lo hace activo durante el día. Usted será valiente para comenzar y hacer esto libera dopamina en su cuerpo. Su cuerpo se queda entonces con la sensación de actividad, motivación y placer. El baño será un excelente glaseado para diseñar el día.

9. Planifique un desayuno saludable

Comprender la salud de la alimentación por la mañana. Es esencial combinar ciertos nutrientes como proteínas, minerales y vitaminas para tener un gran apetito y satisfacer las necesidades nutricionales. Aunque otros nutrientes también son necesarios, las grasas y proteínas saludables ayudan a estabilizar sus emociones. Recuerde que su estado de ánimo debe ser el adecuado. Comamos, por ejemplo, una tostada y una cobertura rica en fibra. La fibra en este alimento ayuda a retardar la digestión, mejorando la estabilidad del azúcar en la sangre. Piense en otras comidas simples pero saludables para su desayuno.

6 rutinas nocturnas para asegurar que el mañana sea tan bueno como el presente.

El mejor día resulta de una noche bien planeada. Las oportunidades se cargan por la noche cuando usted acepta el desafío de ser receptivo. Entienda lo que necesita hacer antes de irse a la cama. Esas actividades constituirán sus rutinas nocturnas. Sé que tu día puede haberte cansado, pero puedes reajustar tu estado de ánimo y actividad mental. Puedes hacer de tu descanso una experiencia dichosa.

1. Reflexione sobre su Día.

¿Qué pasó hoy en el trabajo? ¿Por qué me enviaron una carta de consulta? Haga muchas preguntas como sea posible. Mereces saber qué te ha llevado todo el día. Utilice este período para identificar la causa de sus acciones. ¿Por qué reaccioné mal ante un cliente? ¿Por qué estaba enfadado durante la pausa del almuerzo? No se limite a hacer preguntas; desglose su consulta en desencadenantes. A ver qué te hace hacer una cosa en particular.

La reflexión no significa que deba utilizar este período para pensar sólo en sus insuficiencias. Es posible que desee pensar en los objetivos que cumplió o superó. Haga una evaluación apropiada de las actividades de su día para saber qué metas fijar para los otros días.

2. **Haga una lista de sus metas.**

Mire hacia el futuro de la productividad y planifique lo que desea lograr. Este proceso debe ser intencional porque es posible que usted no haya analizado los desafíos del día. Diseñe otra estructura que le ayude a lograr más. Dé una definición adecuada a su destino. Asegúrese de eliminar la rigidez en su enfoque a tomar en el futuro. Una vez que haya redactado sus metas, péguelas donde pueda verlas fácilmente. Podría estar en su mesa de lectura o en la parte de atrás de su puerta. Asegúrese de que está listo para la mañana siguiente. Planifique su desayuno, su elección de ropa y su hora de levantarse. Puede tomar algún tiempo prepararse si es la primera vez que lo hace. La consistencia en el establecimiento de metas para el día siguiente resulta en convertirse en un organizador activo a largo plazo. Despertar a esta realidad te ayuda a poner tu mente en alcanzar objetivos.

Es posible que también quiera leer sus metas en voz alta. Así como usted recita sus afirmaciones, su atención al hacer esto es activar la atención. Vivir en la realidad de tener sus metas en la mente

3. **Tómese el tiempo para leer.**

Involucre su mente en el aprendizaje de algo nuevo! Hacer esto te preparará para el día siguiente. Es posible que no tenga que hacer las largas horas ya que podría estar cansado del trabajo del día. Es posible que desee utilizar este período para desarrollar ideas que haya anotado por la mañana. Investigue también sobre su reto en el trabajo y aprenda de la experiencia de los profesionales.

4. Leer arriba Afirmaciones.

Así como usted comenzó su día con palabras de positividad, usted podría considerar terminar su día con ella también. Ya que has reflexionado y analizado los acontecimientos del día, usa tu conclusión para decir cosas hermosas a tu conciencia. Usted puede decir: "No me sentí abrumado por el fracaso. "Logré algo mejor que hoy. "Me veo a mí mismo alcanzando mis metas profesionales. "Mi mañana es activo y vibrante, y estoy contento con mis amigos y colegas. "Diseñe sus afirmaciones para que se ajusten a su valor.

5. Chatea con tu familia.

Unirnos como familia es un excelente ritual para practicar. Tómese un tiempo para decir cosas personales a su cónyuge e hijos. Y si usted es soltero o vive solo, encuentre una manera de comunicarse con su familia. Cada parte de su discusión aquí debe centrarse en las necesidades de la familia. Averigua lo que tu hija desea de ti. Infórmele también de lo que usted requiere de ella para tener éxito en la vida. Es posible que no quiera hacer el trabajo de un entrenador de vida todas las noches, pero asegúrese de construir la intimidad con su familia. Además, involucre a su cónyuge en una conversación íntima. Usted puede buscar ideas relacionadas con sus horarios y patrones de trabajo.

6. No te rindas a la ociosidad.

Prepararse para lo que hay que hacer no significa hacer nada, significa hacer una tarea específica. Piense en un trabajo que aumente su agudeza mental. La lectura, la meditación, el ejercicio, la cocina, etc. pueden ser una excelente tarea para realizar. Evite la trampa de quedar atrapado en un trabajo masivo para la noche. La pantalla azul debería ser una cosa para evitar en este momento.

No más procrastinación

Ya que usted necesita empezar de a poco, también puede pensar en arreglar el desorden. Coloca el montón de libros sobre la mesa y limpia tu armario.

Capítulo siete: No más obstáculos

7 maneras de Conquistar su Miedo al Fracaso

Es natural tener miedo. Es una de las cosas que nos hacen humanos. El miedo siempre se presentará cuando estés a punto de embarcarte en una nueva aventura. Sin embargo, el miedo también puede ser muy peligroso, puede impedir que usted logre lo que necesita lograr.

El miedo puede manifestarse de muchas maneras. Está el miedo a las alturas, el miedo a la elevación del agua, y el miedo a las arañas, y así sucesivamente. Pero en lo que respecta a ser productivo, el miedo que más se relaciona con nosotros es el miedo al fracaso.

El fracaso no tiene absolutamente nada que temer. Incluso los más ricos, los más poderosos y los más exitosos entre nosotros han experimentado alguna vez el fracaso en un momento u otro. Así que, si alguna vez fallas, debes saber que no estás solo. Lo superarás.

Es como caer enfermo. La gente toma muchas medidas para no enfermarse. Desafortunadamente, no importa cuánto lo intenten, al final se enferman un día. ¿Qué haces en esa situación? No huyes de la enfermedad; luchas contra ella. Y una vez que te abandona, tu cuerpo aprende y se adapta para que la próxima vez que haya un ataque de ese patógeno, sepa cómo reaccionar y protegerte.

Lo mismo ocurre con tu fracaso. Aprende de ello. Construye tu resistencia a partir de ella. Cuando te golpee por primera vez, parecerá que tu mundo está a punto de desmoronarse, pero te aseguro que sólo será por un momento. Estos consejos le ayudarán a manejar y superar el miedo al fracaso:

1. **Enfréntate a ello.**

La vida es un campo de batalla. Si no estás listo para luchar, entonces prepárate para vivir una vida miserable. Nunca se le entregará nada en bandeja de oro, excepto si su familia tiene montones de lingotes de oro en algún lugar del Banco Mundial. Para ver el éxito, para tener logros, usted debe saber que tendrá que hacer frente a su miedo al fracaso. El miedo al fracaso no es el fracaso en sí mismo, sino que es un camino fuerte que conduce al fracaso. Lo mejor que puedes hacer por ti mismo es empujarte fuera de ese camino hacia el camino del éxito.

2. **Muéstrate un poco de bondad.**

No te castigues a ti mismo. No seas demasiado duro contigo mismo. Entiende que el miedo que tienes al fracaso es algo natural, pero no significa que no seas lo suficientemente bueno. Nadie es lo suficientemente bueno; todos nos esforzamos por ser mejores. Por lo tanto, no se castigue simplemente porque no dio en el blanco la primera vez. Todavía hay muchas oportunidades abiertas para que intentes ser mejor.

3. **Entienda que Fallar una vez no lo convierte en un completo fracaso.**

Sólo te conviertes en un fracaso total cuando decides dar y dejar de perseguir. El punto en el que decides rendirte se convierte en el punto en el que termina tu historia de éxito, así que todo depende de ti y de lo bien que elijas maximizar tus fortalezas. Muchas de las figuras exitosas que admiramos hoy en día fracasaron, pero eso no les hizo considerarse fracasados. Ellos continuaron con la lucha y trajeron algo admirable.

4. **Alimente su mente con Optimismo.**

Mucha gente experimenta el fracaso todos los días, pero eso no significa que usted deba ser uno de ellos. Un pensamiento se presentará y te preguntará: "¿Y si fracasas?" Quiero que desafíes ese pensamiento preguntándote: "¿Y si tengo éxito? "La gente fracasa, y la gente también triunfa. Todo depende del grupo con el que decidas identificarte. Si alguna vez va a haber una persona exitosa en ese campo, entonces podrías ser tú.

5. **Libérate de la obsesión del perfeccionismo**

Muchas personas han estado atadas debido a la necesidad de hacer alguna tarea por primera vez bien. No tienes que hacerlo bien la primera vez. Ten eso en mente. Nada de lo bueno que se ha creado ha sido perfecto de una sola vez. Acepta el hecho de que puede que no des en el blanco al principio, pero eso no significa que dejarás de intentarlo. El proceso de tratar de perfeccionar algo es en sí mismo un proceso de aprendizaje. A medida que sigas haciendo eso, seguirás mejorando hasta que seas tan bueno como quieras ser.

6. **¿Por qué temes al fracaso?**

Para algunas personas, el miedo al fracaso proviene de todas las cosas que han oído sobre el fracaso. Otros simplemente no quieren que otros los vean como un fracaso. Por lo tanto, comienzan a alimentar el miedo por ella. Cualquiera que sea el caso, trate de averiguar la razón por la que teme el fracaso y haga bien en abordarlo a tiempo. ¿Tienes miedo porque no entiendes completamente la tarea que tienes por delante? Entonces hazlo bien para entenderlo mejor. ¿Tienes miedo porque has oído historias de miedo de personas que se encontraron con el fracaso? Luego empiece a poner las cosas en su lugar que le ayudarán a superar el fracaso.

7. **Aceptar el fracaso por lo que es**

El fracaso no es un monstruo, ni una bestia. Sólo puede llegar a ser tan grande como un tormento como usted quiera que sea en cualquier momento. Usted define en qué se convierte su fracaso para usted. Ver el fracaso como algo que va y viene, algo que va y viene, un momento fugaz en nuestras vidas, te ayudará a superar tu miedo por ello fácilmente.

7 estrategias para vencer al monstruo del perfeccionismo

Ser perfecto es una cualidad admirable, y mucha gente morirá por esa cualidad, por estar libre de cualquier forma de mancha o mancha. La búsqueda a la perfección le llevará a producir trabajos de alta calidad. Buscar la perfección no está mal de ninguna manera; de hecho, es muy necesario producir un trabajo que resista la prueba del tiempo.

Sin embargo, la búsqueda de la perfección puede convertirse fácilmente en un comportamiento obsesivo si no se deja sin control. A las personas que persiguen esto se les llama perfeccionistas, y la mayoría de las veces, sus estándares casi nunca se cumplen. Esto, a su vez, puede llevar a una especie de frustración.

Los perfeccionistas nunca están contentos con nada hasta que cumple con sus estándares increíblemente altos. Por el contrario, los perfeccionistas siempre parecen querer posponer algunas tareas simplemente porque tienen miedo de no llevarlas a cabo lo suficientemente bien. Esto puede convertirse de alguna manera en un asesino de la productividad porque una persona así nunca querrá entrar en una nueva aventura y ver qué pasa con ella.

Un consejo que siempre doy a la gente es que aprendan a trabajar con su perfeccionismo. No permita que sus altos estándares le impidan rendir; en vez de eso, haga que funcione para que usted produzca un trabajo más admirable. Para ello, inicie la tarea. Deje su miedo a la imperfección y empiece. Completa la tarea; y después de completarla, puedes volver atrás y añadirle tu toque de perfeccionismo.

La vida de un perfeccionista es bastante aburrida porque nunca se explora nada nuevo. Ese no debería ser tu caso. Es por eso por lo que necesitará superar su mentalidad perfeccionista, pero no sus altos estándares. Entiende que la perfección nunca puede ser alcanzada, nunca. En vez de eso, usted puede seguir mejorando cada vez más. Aquí hay algunas estrategias que usted puede emplear para ayudarle a superar el perfeccionismo:

1. **Aprende a aceptar cuando es lo suficientemente bueno cuando has puesto todo tu mejor esfuerzo.**

Como dije claramente, la perfección es un mito. Incluso cuando piensas que lo has logrado, si miras más de cerca, verás que todavía hay defectos. Puedes literalmente volverte loco. Trate de entender cuando ha hecho lo suficiente en un proyecto en particular. Lo bueno nunca es suficiente, pero lo mejor siempre puede ser suficiente. No estreses a tu mente. Lo mejor que puedes hacer es entrar en la corriente y dejarte llevar por ella. Usted no tiene que producir un trabajo perfecto; todo lo que tiene que hacer es producir su mejor trabajo.

2. **Entender que el Perfeccionismo es un Asesino del Tiempo**

Hay dos grandes problemas que tengo con los perfeccionistas: el primero es que casi nunca empiezan ninguna tarea por miedo a no producir según sus estándares. La segunda es que incluso cuando comienzan una tarea, pasan mucho tiempo repasando los pasos, repitiéndolos, sólo para producir un trabajo perfecto. La cantidad de tiempo perdido es incluso suficiente para hacer que ignoren el trabajo y se frustren. Nadie dice que no te tomes tu tiempo. Lo que estoy diciendo es que no mates tu tiempo. Estos son dos conceptos diferentes, y significan cosas diferentes. Tómese su tiempo y dé lo mejor de sí. Sepa cuándo parar y dejar el resto. Sólo hay lo suficiente que puedes dar a cualquier proyecto.

3. **Entiende que puedes Herir a la Gente con tus Estándares Perfeccionistas.**

Como se ha señalado anteriormente, nunca baje sus estándares, busque la mejor calidad, pero no necesariamente la perfección. La perfección es inalcanzable. Una cosa acerca de luchar por la perfección y los altos estándares es que eres capaz de herir a la gente que te rodea con tus estándares. No todos son como tú. No todos son perfeccionistas como tú. Algunas personas sólo quieren poner lo mejor de sí mismas en lo que hacen, y eso es todo. Cuando continúes bajando el peso de tus estándares inalcanzables sobre ellos, puedes aplastarlos y hacer que te odien. Nada de lo que hagan será suficiente para ti, y esto solo es capaz de dañar tu relación con ellos. Asegúrese de obtener lo mejor de sus empleados y trabajadores en todo momento, pero no se convierta en un maestro frustrante que nunca puede ser complacido.

4. **Eliminar la mentalidad competitiva.**

Para muchos perfeccionistas, su carácter proviene de ser los mejores en todo momento. Quieren que ninguna otra persona se les adelante, y les frustra cuando sus planes no salen como se espera. Existe un tipo de competencia conocida como la competencia sana, y ese es el tipo de competencia por la que usted debe esforzarse. Suscríbete a la competencia que saca lo mejor de ti en lugar de arrastrarte hacia la envidia.

Otra cosa que usted debe entender es que usted es su mayor competidor. Todo lo que tienes que hacer es desarrollarte en el ayer, construir sobre el éxito que has tenido en el pasado. Y ahora que lo pienso, si ayer estuviste perfecto, ¿qué quieres hacer hoy? La vida es una aventura, y el perfeccionismo rompe esa aventura. Te impide descubrir tesoros. Así que, mantente libre y mantén tu mente en ti mismo.

5. **Elimine los factores desencadenantes del perfeccionismo en su vida.**

Esto implicará investigar un montón de cosas. A veces las personas en su vida también pueden ser algunos de los factores que causan su obsesión con el perfeccionismo. Debido a que ellos mismos son perfeccionistas, harán todo lo que esté en su poder para buscar lo mismo de usted. No te creas eso. El perfeccionismo, como te he explicado, es estresante. Te toca a ti llevar a cabo un análisis interno e identificar todas aquellas cosas que desencadenan el perfeccionismo en tu vida.

6. **Reevalúe sus estándares**

El perfeccionismo es el resultado de estándares excesivamente altos. Tienes que controlarte para no hundirte. No es normal esperar que un niño de 3 años sea capaz de deletrear correctamente palabras de cinco letras sin perder ninguna letra. Pero a un perfeccionista no le importa. Sólo quieren que se haga, y no tendrán idea de que están lastimando a ese niño.

Pregúntese si sus estándares son demasiado altos. Una vez que se identifican los estándares muy altos, se puede bajar el tono para que todo el mundo se beneficie de ellos. También puede preguntar a las personas de su entorno que estén dispuestas a ayudarle a identificar los estándares en los que tiene que trabajar.

7. **Permitir la imperfección a veces.**

No siempre tienes que perfeccionar. Vivimos en un mundo imperfecto, pero todos disfrutamos del mundo y no queremos irnos. La verdad es que puedes hacerlo con alguna imperfección en tu vida. Deje las sábanas ásperas y arrugadas al salir de la casa. Permita que los niños se vistan solos. Simplemente desafíe cualquier tendencia perfeccionista que pueda tener y vea lo que sucede.

7 maneras en las que la Positividad puede Manifestar el Éxito

La positividad, como rasgo, no significa sonreír todo el tiempo y llevar siempre una mirada alegre. Es mucho más profundo que eso. La positividad realmente tiene que ver con tu perspectiva general de la vida. Se trata de lo que haces con lo que la vida te da en el momento, ya sea negativo o positivo. "Cuando la vida te lanza limones, haces limonada" es una cita que capta adecuadamente la esencia del positivismo.

La investigación ha demostrado con el tiempo que las personas que son más felices, las personas que tienen más positivismo en sus vidas, por lo general terminan siendo más exitosas que las que no aceptan el mensaje de positividad. La positividad se ha vinculado a un mejor rendimiento y productividad en los lugares de trabajo. La presencia de emociones positivas siempre hace que la generación de ideas maravillosas. Algunos de los principales beneficios de la positividad incluyen:

- **Mejor rendimiento mental y respuesta más aguda a los estímulos.** Las personas positivas generalmente tienden a tener cerebros que funcionan mejor y producen mejores resultados. Su mente viaja más lejos durante una sesión de lluvia de ideas, y pueden aportar una amplia gama de ideas para un proyecto. En última instancia, esto conduce a ser personas más creativas y productivas.
- **La gente tiende a acercarse más a aquellos que ya llevan mucha positividad en ellos.** La positividad en una relación también ayuda a construir una conexión fuerte y duradera entre las partes involucradas.
- **Los beneficios para la salud asociados con la positividad son enormes.** De hecho, la positividad puede hacer que una persona coma más saludable porque sus mentes siempre están agudas para señalar las cosas que no deberían estar tomando en su sistema. La depresión, que es un subproducto del pensamiento negativo, se ha relacionado con el sobrepeso y la alimentación basura. Una mentalidad positiva significará una frecuencia cardíaca más baja, una presión arterial más baja y un menor estrés. También se sabe que las personas que son positivas duermen mejor.

- **La positividad ayuda a construir una psicología de la confianza, la autoestima y la energía corporal.** Con tanta energía para gastar, las personas positivas logran sus metas más rápido que las personas no positivas.

Con todos estos beneficios en la lista, ahora puede ver que es muy importante que desarrolle una mentalidad positiva que alimente su éxito. La pregunta ahora es cómo se puede hacer eso. Estas estrategias le ayudarán:

1. **Mantén tu enfoque en todas las cosas buenas de tu vida.**

Nadie lo tiene todo hermoso para ellos. Todos tenemos nuestros altibajos, donde nos enfrentamos a muchos desafíos a diario. Pero la pregunta sigue siendo ¿cómo y/o por qué permitir que esos desafíos te definan? Por supuesto, mirarás hacia la puerta, pero también hacia arriba. ¿Qué tan bien mantiene su mirada en las cosas buenas de su vida? Recuerde que cada día viene con sus propios beneficios, sin importar lo mal que vaya ese día. Aprenda a concentrarse en estos beneficios durante todo el tiempo que pueda.

2. **Aprenda todas las lecciones que la vida le ofrece.**

Como he dicho numerosas veces en este libro, cada fracaso que se encuentra en su vida es una lección si tan sólo elige aprender de ella. Las fallas son propensas a engendrar pensamientos negativos en tu mente. Estos incluyen "No soy lo suficientemente bueno. "Nunca valdré la pena. "y "No lo conseguiré. "Pero recuerda que cada vez que tropiezas en la oscuridad, tu cuerpo aprende de los obstáculos en ese camino y nunca vuelve a cometer el mismo error. Es por eso por lo que usted puede caminar en su habitación incluso con la luz apagada y hacer su camino hacia el interruptor sin golpear los dedos de los pies en el gabinete.

3. **Anímese.**

Nadie puede hablar contigo como tú puedes hablar contigo mismo. No hay mejor motivación que la que te das a ti mismo. Despierta cada mañana, mírate en el espejo, y libera mantras transformadores en tu día. Hay algo en las palabras que decimos. Poseen un poder creativo muy fuerte que puede seguir adelante y proporcionarnos los mejores resultados. Algunas personas usan este poder para producir resultados muy negativos para sí mismas porque siempre están hablando de lo malo en sus vidas. Estos pensamientos tienen una manera de construir fortalezas en tu mente y controlarte. Nunca les permitas hacer eso. Siempre tenga el control y dicte lo que entra en su vida.

4. **Mantenga su mente en las cosas que suceden en su presente**.
El presente es tu ahora, tu realidad en este momento, las cosas que están sucediendo en tu vida. Algunas personas viven sus vidas para el futuro, mientras que otras viven en el pasado. Pero te digo que el momento más importante para vivir es ahora. No pierdas tu existencia mientras persigues otras realidades.

5. **Mantenga a la gente positiva y la positividad a su alrededor.**
Una pared de pensamientos negativos está siempre en aumento en nuestra mente, y depende totalmente de ustedes para determinar si continúa subiendo o si se derrumba en el suelo. Puedes destruir cualquier forma de paredes negativas rodeándote de gente y cosas positivas. Todo esto te ayudará a asfixiar cualquier negatividad que te rodee. Encuentra a la mayoría de las personas y colócalas alrededor de tu vida. Hable con ellos todo lo que pueda y trate de aprender de ellos. Tienen una manera de afectar a la tuya en positividad.

6. **Concéntrese en sus metas.**

Los pensamientos negativos son una forma de distracción que resulta porque la gente no está obsesionada con alcanzar sus metas. Una mente que se mantiene enfocada en alcanzar metas y ser la mejor nunca tendrá tiempo para nutrir cualquier forma de negatividad.

Manténgase productivo en todo momento, y continúe enfocándose en cómo puede lograr más y superarse a sí mismo.

7. Practica la gratitud.

Esta es una de las mejores herramientas que puede utilizar para activar una mentalidad positiva para el éxito. Cuando sigues agradecido por las cosas que te rodean, rara vez tienes tiempo para pensar en lo negativo.

5 fortaleciendo Mantras para Destruir el Auto sabotaje y Empezar a Hacer las Cosas.

Es curioso, siempre ha habido este tipo de apegos mitológicos a la palabra "mantra". "Ha sufrido casi el mismo destino que la "meditación", en la que alguien piensa que sólo puede aplicarse a un monje budista en el Tíbet o a una bruja sentada en el Himalaya. La mayoría de las veces, ni siquiera entendemos cuán poderosos son los mantras y cómo pueden ayudarnos en general.

¿Qué es exactamente un mantra si lo usas? Tómalo de esta manera: un mantra es una herramienta mental o una palabra, frase o sonido que se utiliza para mantener tu mente en su lugar y evitar que uno se distraiga. Los mantras pueden ayudarte en diferentes facetas de tu vida si se emplean de la manera correcta. Pueden ayudarle a ser más productivo. Ellos pueden ayudarte a mantenerte concentrado. Ellos pueden ayudarle a reencuadrar su mente y los pensamientos que se arremolinan en ella. Las posibilidades son infinitas, y es por eso por lo que es necesario que comiences a emplear mantras en estas diferentes facetas de tu vida para que tengas lo mejor de ella. Aquí hay algunos mantras que pueden ayudarte a superarte y empezar a hacer las cosas.

No más procrastinación

1. **Acepto la paz en mi vida y en mis actividades diarias**.

Puedes ayudar a que este mantra se cumpla visualizando esa paz que deseas una y otra vez hasta que se manifieste. Puedes hacer uso de este mantra para llamar a la paz a cualquier aspecto de tu vida: tu mente, tu alma, tu trabajo, etc. Cuando estas palabras se repiten con el tiempo, tu mente comienza a creerlas y a alinearse para que se cumplan.

2. **Me esforzaré por lo mejor en lugar de esforzarme por alcanzar la perfección**.

Hemos pasado por esto, y les he explicado cuán tóxico puede ser el perfeccionismo para ustedes y para la gente que los rodea. Haga uso de este mantra para superar una mentalidad de perfeccionismo. Antes de comenzar una tarea importante, puede repetirla una y otra vez hasta que su mente la asimile. Cuando te encuentres cayendo gradualmente en esa mentalidad de perfeccionismo, repítelo, y date el enfoque requerido.

3. **Mis errores son para mi beneficio.**

Jugar al juego de la culpa siempre es fácil, y este mantra está aquí para ayudarte a hacer exactamente lo contrario. Usa este mantra cuando hayas cometido un error estúpido y sientas que eres un fracaso. Guárdelo de vez en cuando, aunque su mente trate de hacerle sentir mal por las decisiones que haya tomado en el pasado.

4. **Me centraré en mi presente.**

El mantra se utiliza sobre todo cuando te das cuenta de que tu mente se desliza gradualmente hacia atrás, hacia tu pasado o se preocupa por el futuro. Recuérdate a ti mismo usando este mantra para mantener tu enfoque en el presente.

5. **Cumpliré con mis plazos y alcanzaré todas mis metas**.

Usa este mantra al principio de cada día, a primera hora después de levantarte por la mañana o mientras te lavas la boca. A medida que te repitas este mantra, continúa visualizando cómo se verán las metas que has logrado. Ruminar sobre todos los beneficios emocionantes que se abren para usted a medida que alcanza sus objetivos diarios.

Conclusión

Quiero agradecerte por seguirme en este viaje, por haber leído y estar aquí hasta este momento. De hecho, gracias por no posponer la lectura de este libro. Creo que se ha saltado páginas pero ha leído el libro con toda diligencia.

A lo largo de este libro, he hecho todo lo posible para ayudarle a entender el concepto de postergación y cómo funciona. Hemos explorado algunos de los principales desencadenantes de la dilación y también las principales maneras en que usted puede superar y conquistar estos desencadenantes. Pero puedo decirles que, a pesar de la riqueza de conocimientos ocultos en este libro, esto no es todo lo que se necesita.

Puedo decirles que todos nos enfrentamos a nuestros propios desencadenantes de dilación que son específicos de cada uno de nosotros. Al leer un libro, estoy seguro de que te encuentras con el que más se relaciona con tu situación. Estas son las cuestiones que debe abordar lo antes posible. No se puede cambiar todo a la vez. Trate de emplear alguna estrategia en su plan de acción para derrotar la dilación.

Una cosa es poseer la vara y otra cosa es golpear a la serpiente. La mayoría de la gente hará lo que sea para adquirir la vara, pero nunca tomará medidas para golpear a la serpiente hasta que muerda. Quiero decirles que hoy pueden liberarse de las garras de la dilación, si tan sólo deciden tomar medidas y seguir las instrucciones que se enumeran en este libro. Habrá un punto en el que sentirás que has fallado cuando parezca que debes rendirte y dejar de intentarlo, pero no permitas que eso te detenga. Prométete que lucharás hasta el final. Sólo mantén tu enfoque en hacer algunos pequeños cambios necesarios y verás que tu vida mejora cada día.